Peter Klingenberg

Wie ein zweites Laufenlernen

Peter Klingenberg

Wie ein zweites Laufenlernen

Von Tod, Trauer und Liebe

Verlag Lebensreise

Imprint
Any brand names and product names mentioned in this book are subject to trademark, brand or patent protection and are trademarks or registered trademarks of their respective holders. The use of brand names, product names, common names, trade names, product descriptions etc. even without a particular marking in this work is in no way to be construed to mean that such names may be regarded as unrestricted in respect of trademark and brand protection legislation and could thus be used by anyone.

Cover image: Vom Autor bereitgestellt

Publisher:
Verlag Lebensreise
is a trademark of
Dodo Books Indian Ocean Ltd. and OmniScriptum S.R.L publishing group

120 High Road, East Finchley, London, N2 9ED, United Kingdom
Str. Armeneasca 28/1, office 1, Chisinau MD-2012, Republic of Moldova, Europe
Printed at: see last page
ISBN: 978-620-2-49606-3

Inhalt

Vorwort

Manchmal genügt ein Augenblick, dass ein Leben aus der Bahn geworfen wird. Eine Unachtsamkeit, eine falsche Entscheidung, eine kleine Verschiebung in Raum und Zeit, die alles ins Wanken bringen. So betrachtet, ist diese Geschichte weder neu noch besonders. Abschiede und Trennungen gehören zum Leben, täglich reißt der Tod Familien auseinander. Meine Geschichte wird dort außergewöhnlich, wo sich Abgründe auftun, mit denen ich in meiner für heil gehaltenen Familie nicht gerechnet hatte. Meine Frau ist plötzlich gestorben und ich habe mich neu verliebt. Das sind die Zutaten zu einer Geschichte, die so schon unzählige Male vorgekommen ist, in meinem Fall aber Komplikationen erzeugt hat, über die man nur den Kopf schütteln kann. Die Verwerfungen, die daraus hervorgegangen sind, hatte ich nie für möglich gehalten und aus dem Versuch, alles zu verstehen, ist dieses Buch entstanden. Neue Partnerschaften führen immer zu konflikthaften Verschiebungen innerhalb bestehender Beziehungen, aber die Wucht, die uns getroffen hat und die Radikalität, mit der wir Ablehnung und Feindschaft in unseren Familien erfahren haben, suchen ihresgleichen. Die Niederschrift der Ereignisse ist wie ein Tagebuch angelegt, schon bald nach dem Ausbruch des Konflikts fing ich damit an und schrieb seitdem chronologisch weiter, unterbrochen von Exkursen, die mir wichtig waren, um die Vorgänge einzuordnen und Zusammenhänge nachvollziehbar zu machen. Entstanden ist eine Aufarbeitung, die, auch wenn sie stellenweise hart ausfällt, weder ab- noch aufrechnet. Über allem steht der Wunsch nach Vergebung: eines Tages vergeben zu bekommen und vergeben zu dürfen. Zum Schutz von Persönlichkeits-rechten, wurden die Personen-und Ortsnamen geändert. Alles andere ist authentisch.

Von dem, was ist

Die Rede von der Kontingenz hatte in meinem beruflichen Alltag immer zu den leichten Übungen gehört. Die Unvorhersehbarkeit des Lebens: Alles, was geschieht, könnte auch nicht oder anders geschehen. Es könnte anderen widerfahren oder sich zu einem späteren Zeitpunkt so zutragen, dass veränderte Voraussetzungen ganz andere Ereignisketten in Gang setzen - Sekunden früher oder später wäre es nicht passiert, nicht mir und nicht so …

Kontingenz ist immer existenziell, sie berührt die großen Fragen des Lebens, und eignet sich ideal als niedrigschwellige philosophische Denkübung im Unterricht, die sich mit unzähligen Beispielen illustrieren lässt und von der man abzweigen kann zu den großen Themen der Theologie und Philosophie: Schicksal, Freiheit, Schuld, Gottes- und Menschenbild. Ihre Bewältigung bildet den Ursprung der Religion und korreliert mit der Entwicklung des Bewusstseins. Sich vorzustellen, dass das Geschehene auch ungeschehen sein könnte, ist eine Abstraktionsleistung, die zugleich tief beunruhigt, weil sie dem Wunsch nach Beherrschbarkeit und Ordnung entgegensteht.

Kontingenz ist eine Erfahrung, der Zufall ist ein Gedankenspiel. Er hat mich nie interessiert, zumindest nicht auf der vulgärsprachlichen Ebene, wo er meistens begegnet. Da gibt es für mich keine Zufälle, sondern nur Ausreden oder Denkfaulheit. „Zufall" ist ein anderer Ausdruck für die Wahrscheinlichkeit eines Ereignisses. Was wir als Zufall bezeichnen, ist tatsächlich die Beschreibung dessen, was früher oder später so passieren muss, weil es mehr oder weniger wahrscheinlich ist. Auch das Reden im Konjunktiv vermeide ich. Die Aussage, was ich getan *hätte* oder was gewesen *wäre*, enthält für mich die Anmaßung, es besser zu wissen, ohne klüger zu sein. Ich will nicht gefragt werden, was ich getan hätte und mich interessiert auch nicht, was andere getan hätten oder tun würden – weder an meiner noch an anderer Stelle. Was keiner Realitätsprüfung standhält, ist für mich wertlos. Was gewesen wäre, will ich nicht wissen, weil es kein Zurück gibt hinter das, was ist.

Geschehenes und Gesagtes lassen sich nicht rückgängig machen wie eine Textnachricht auf WhatsApp. Geschehenes ist geschehen, ob unerklärlich, verdient, notwendig, schuldhaft oder fahrlässig. Geschehenes lässt sich nicht ändern, und keine noch so gut gemeinte Antwort auf alle diese Fragen bringt uns dahin zurück, wo die Unvorhersehbarkeit uns abrupt aus dem Leben katapultiert hat.

Erlebtes schärft immer auch die Sinne für ähnliche Geschichten. Es ist wie die neue Autofarbe: Blaumetallic war mir vorher im Straßenverkehr nie aufgefallen. Jetzt fahre ich selbst einen Wagen in Blaumetallic und bemerke, wie viele Autos mit dieser Lackierung herumfahren. Es sind nicht mehr geworden (bis auf meinen), aber meine Wahrnehmung hat sich verändert.

Seit dem Tod meiner Frau Anne habe ich viele Geschichten gehört von Ehemännern, die von der einen Sekunde auf die andere zu Witwern geworden sind. Von Kindern, die der Verlust ihrer Mutter zu Waisen gemacht hat. Von einem viel zu frühen und plötzlichen Tod. Aber jede Familie ist ihr eigenes System, und jedes dieser Systeme besteht aus einer einmaligen Verflechtung von Rollen, Beziehungen, Lebensaltern, Konflikten und Werthaltungen, aus unterschiedlichen Graden von Bindung und Abnabelung, aus psychologischen, sozialen und ökonomischen Faktoren, die in ihrer Kombination so einmalig sind wie ein Fingerabdruck.

Die Erfahrung, dass etwas nie wieder so sein wird wie es gerade eben noch war, haben wir schon unzählige Male gemacht, aber meistens ist der Anlass banal. Nicht jede Zäsur ist ein Schock. Viele Lebensabschnitte sind vorgegeben, sie unterliegen biologischen, kulturellen oder juristischen Determinanten. Manchmal wissen wir, was uns bevorsteht, manchmal können wir den Zeitpunkt selbst bestimmen.

Auch der Tod gehört dazu und ist zunächst nichts Besonderes. Er steht schon fest, wenn wir noch nicht geboren sind. Ihn zu verdrängen wird mit dem Beginn unserer kognitiven und emotionalen Differenzierung zu unserer größten psychisch-emotionalen Leistung, an der auch der Tod der anderen lange Zeit nichts ändert. Andere sterben und auch wir wissen, dass es uns bevorsteht. Wir wissen, dass wir begrenzt sind, aber wir tun so, als wären wir nicht davon betroffen. Das müssen wir auch, weil wir sonst nicht leben könnten.

Schon viele Mütter und Väter sind gestorben, nachdem sie gerade 60 Jahre alt geworden waren, und noch vor einem halben Jahrhundert wäre das nichts Besonderes gewesen. In vielen Ländern dieser Erde liegt die durchschnittliche Lebenserwartung weit darunter. Andere sterben noch viel früher, die einen plötzlich und unerklärlich, die anderen durch Krankheit oder Unfall. Manche würden gerne sterben, stattdessen dämmern sie, steinalt geworden, als Pflegefälle vor sich hin. Im Tod liegt keine Gerechtigkeit.

Warum meine Geschichte trotzdem wert ist, aufgeschrieben und gelesen zu werden? Weil das, was sich *nach* Annes Tod ereignet und verändert hat, für andere einen Wiedererkennungswert besitzen könnte. Weil ich die Brüche, Verwerfungen und Konflikte vermutlich nicht als erster erlebt habe und weil ich anderen helfen möchte, indem ich erzähle, wie es bei mir gewesen ist.

Wie Tomatensoße

Anne und ich hatten uns im Wintersemester 1981/82 an der Universität in Marburg kennengelernt und im Mai 1982 unsere Liebe zueinander entdeckt. Es war keine „Liebe auf den ersten Blick“, sondern ein über mehrere Monate stetiges Wachsen von Interesse und Sympathie füreinander. Aufgefallen war sie mir zuerst durch das, was, allem idealistischen Beharren auf dem Vorrang innerer Werte zum Trotz, den Zauber der ersten Begegnung ausmacht: ihre Erscheinung und ihre Stimme. Anne war überdurchschnittlich groß, attraktiv, schlank, hatte grüne Augen und ein Lachen, das mich bezauberte. Schon das verschaffte ihr physisch eine Präsenz, die bis zum letzten Tag ihr Wesensmerkmal war. Da, wo sie war, war sie einfach „da“.

Anne war eigen, als große Frau hatte sie eine Vorliebe für große Menschen. In diesem Fall war das mein Vorteil, denn ich überragte sie deutlich und entsprach auch sonst äußerlich ihrem Raster. Mit zehn Zentimetern weniger Körpergröße hätte ich mir wahrscheinlich keine Hoffnungen machen müssen, aber die Frage, was gewesen wäre, will ich ja ausklammern…

Was am Anfang schwärmerisch und naiv verstanden werden konnte, wurde dann aber zu dem, was unsere Beziehung bis zum letzten Tag ausmachte: Wir hatten beide den Wunsch, dass unsere Liebe niemals nachlassen sollte. Wir wünschten uns beide, dass sie in, mit und unter aller Beständigkeit so intensiv blieb, wie wir sie am Anfang unserer Beziehung erlebt hatten.

Das ist uns bis zum Schluss gelungen. Die Liebe kommt von alleine, aber wenn sie da ist, braucht sie Hingabe und Pflege, damit sie bleibt. Liebe ist Arbeit, aber anders als die Arbeit, die getan werden *muss*, ist uns die Arbeit an unserer Liebe immer leichtgefallen. Es passiert schnell, dass Paare sich im Alltag aus den Augen verlieren und voneinander entfremden.

Uns ist das geglückt, woran viele scheitern, ohne dass irgendjemanden eine Schuld trifft. Manchmal ist schon die Zeit vor der Ehe von Kompromissen geprägt. Man sagt Ja zueinander und hofft, dass es besser wird, wenn die Ehe erst einmal geschlossen ist und dann die Kinder kommen. Oder man hält aneinander fest aus Mangel an einer Alternative und hofft, dass mit der Ehe auch die Liebe kommt. Manche sagen Ja zueinander, obwohl mindestens einem von beiden klar ist, dass es besser wäre, Nein zu sagen.

Und wenn am Anfang die gegenseitige Liebe gestanden hat, kann es sein, dass sie sich mit der Geburt des ersten Kindes verflüchtigt, wenn sich die Rollen verändern. Aus Paaren werden Eltern, Liebe und Aufmerksamkeit richten sich nicht mehr ausschließlich auf den Partner, weil das Kind einen großen Teil davon absorbiert. Die Transformation von der Partnerschaft zur Familie ist ein heikler Prozess, und manchmal ist dieser Wandel nur ein Teil einer größeren Krise, wenn er zusammenfällt mit beruflicher Belastung, Sesshaftwerdung, Zeitmangel und Stress.

Das alles haben wir ebenfalls durchlebt, aber wir haben uns beide dabei nie aus dem Blick verloren. Zwischen 1993 und 1997 kamen unsere drei Kinder auf die Welt (ein Mädchen, zwei Jungen), zweimal sind wir umgezogen, beim zweiten Mal dann 2003 in unser eigenes Haus, das vorher umfassend renoviert werden musste. 1998 wurde bei unserem ältesten Kind Diabetes festgestellt, zehn Jahre später erkrankte unser jüngstes Kind ebenfalls daran. In beiden Fällen hatten diese Diagnosen unser Familienleben stark belastet, aber auch diese Lasten haben wir immer gemeinsam getragen.

Das galt auch für Annes Einstieg in den Beruf 1999, ein Jahr nach der ersten Diabetesdiagnose. Es war der schlechteste Zeitpunkt überhaupt, aber das Angebot war verlockend. Im Ort wurde eine halbe Pfarrstelle auf vier Jahre befristet angeboten, und bessere Bedingungen als den Arbeitsplatz in unmittelbarer Nähe konnte es nicht geben. Ich hatte Anne zugesichert, sie mit meinen ganzen Kräften dabei zu unterstützen, und weil ein besseres Angebot auf absehbare Zeit nicht zu erwarten war und der Einstieg in den Beruf irgendwann vollzogen werden musste, sagte sie zu und wurde im Februar 1999 ordiniert.

Ihr Dienstende verlief dann unschön, da waren Intrigen im Spiel, Neid und Inkompetenz. Ihre Abschiedspredigt im Dezember 2003 klingt bei manchen bis heute nach. Sie handelte vom Thema „Veränderungen“, und ein Abschnitt daraus lässt tief in ihre Seele blicken:

„Veränderungen mag ich nicht. Ich brauche Stetigkeit. Ich will wissen, worauf ich mich verlassen kann. Und verlassen kann ich mich nur auf das, was morgen immer noch so ist wie heute und gestern. Veränderungen verunsichern mich. Ich bin für alles dankbar, was so bleibt, wie es ist. Mir reicht es zu erleben, dass meine Kinder jeden Tag ein bisschen größer und älter werden. Mir reichen die Falten in meinem Gesicht und die grauen Haare auf meinem Kopf. Mir reicht das Gefühl, dass mir die Zeit davonrast. Auf alle weiteren Veränderungen kann ich verzichten. Das Problem ist nur: Danach werde ich nicht gefragt. Danach wird keiner gefragt. (…) Ich will mir nicht vorstellen, was gewesen wäre, wenn ich vor vier Jahren Nein gesagt hätte. Irgend etwas wäre auf jeden Fall passiert und hätte dem Leben eine andere Richtung gegeben. Was wäre gewesen, wenn ...? Und was wäre gewesen, wenn nicht ...? Wir stellen diese Fragen. Wir stellen sie, aber sie bleiben unbeantwortet. Wir wollen immer wissen, ob es noch andere Möglichkeiten, bessere Möglichkeiten gegeben hätte. Wir wollen immer wissen, ob die Entscheidung richtig war, und ob es Alternativen gegeben hätte. Obwohl die Frage doch eigentlich müßig ist. Denn die Zeit läuft nur nach vorne. Und jeder Schritt, den wir tun, ist unumkehrbar. Das macht dieses Leben so aufregend. Und das macht es so unberechenbar. Eigentlich kann man sich in diesem Leben auf ziemlich wenig verlassen. Deshalb bin ich ja so dankbar, wenn sich möglichst wenig ändert."

Das war schon vorher ihr Lebensthema, aber damit hatte sie es erstmals öffentlich manifestiert und vielen Menschen aus dem Herzen gesprochen.

Weil sie Veränderungen nicht mochte, waren ihr Rituale so wichtig, denn Rituale vermitteln Stetigkeit und geben Schutz in den Strudeln des

Lebens. Anne liebte Rituale, besonders die Ausgestaltung besonderer Zeiten und Tage wie Advent, Weihnachten, Ostern und die Geburtstage. Dann war sie in ihrem Element, steckte viel Liebe in jedes Detail, arrangierte, dekorierte und machte aus jedem Fest ein Fest für die Sinne. Viele Elemente hatten dabei ihren festen Platz und mussten auch im nächsten Jahr dort stehen, wo sie im vergangenen Jahr gestanden hatten. Natürlich ließ sie manchmal auch etwas weg oder fügte Neues hinzu, aber die Tradition hatte immer Priorität.

Wir sind 40 Jahre lang ununterbrochen glücklich gewesen und haben uns täglich mehrfach gesagt und gezeigt, dass wir uns lieben. So begann jeder Morgen, so sagten wir einander „Gute Nacht". Und wenn wir Auseinandersetzungen hatten, waren das nie unsere letzten Worte, wenn wir uns voneinander verabschiedeten. Man geht nicht im Streit auseinander, auch danach haben wir 40 Jahre gelebt.

Einander Wertschätzung zeigen, ohne sie beim Namen zu nennen, war vielleicht unsere größte Kunst. Wie das geht? Für uns bedeutete das immer, aufeinander zu achten und zu spüren, was dem anderen guttut. Einander Raum zu geben und Freiheit zu eröffnen und das alles auszukleiden mit Liebe und Achtung. Wir haben uns oft mit kleinen Geschenken überrascht, Momente genossen, die einfach plötzlich da waren und daraus kleine Höhepunkte gemacht – und natürlich darf man sich auch im Haushalt für nichts zu schade sein.

Dass unsere Ehe vorbildlich war, maße ich mir nicht an. Manchmal wurde uns gesagt, wir wären ein ideales Paar, hatten es aber nie darauf angelegt, diesem Bild zu entsprechen. Wir hatten in unserem Umfeld viele Beziehungen scheitern sehen und von etlichen, die fortbestanden, wussten wir, dass zumindest ein Partner unglücklich war.

Aber eine Ehe kann auch anders gelingen, und die Nähe und Innigkeit, die wir füreinander hatten, mag für andere zu viel sein. Manche brauchen das nicht und sind trotzdem miteinander zufrieden. Das Bedürfnis nach Nähe und Distanz ist überall verschieden ausgeprägt und kann sich verändern. Viele Paare bleiben überhaupt nur deshalb zusammen, weil sie sich gegenseitig maximale Freiräume zugestehen, um sich aus dem Weg zu gehen. Was für die einen das Bindemittel ist, wird für die anderen zum Gift. Und in vielen Fällen besteht die Beziehung nur deshalb weiter, weil die Kinder zu klein sind, finanziell zu viel auf dem Spiel steht oder der Mut fehlt, sich zu trennen.

Ich setze dabei stillschweigend voraus, dass mein Verständnis von Liebe verallgemeinerbar ist, aber schon das erscheint fraglich. Wieviel Körperlichkeit braucht die Liebe? Wieviel Ehrlichkeit tut ihr gut? Wie viele Kompromisse verträgt sie? Wie viel Gleichklang muss sie haben und wie oft benötigt sie neue Impulse? Meinen zwei Menschen, die zum ersten Mal ein Gefühl füreinander spüren, das gleiche, wenn sie von Liebe sprechen? Oder gibt es, ähnlich wie die Liebe einer Mutter zu ihrem Kind, doch ein gemeinsames Grundverständnis, das uns wenigstens innerhalb der Kultur, die uns prägt, das gleiche darunter verstehen lässt?

Vielleicht ist die Antwort auch ganz einfach: Liebe ist wie eine Tomatensoße, die aus wenigen Zutaten besteht: Tomaten, Zwiebeln, Olivenöl, etwas Salz, Pfeffer, Zucker und - Zeit. Manche mögen‘s scharf und fügen Pepperoncini hinzu (ich), andere mögen sie mit Kapern (ich) und Sardellen (ich). Man kann Thymian und Basilikum hinzugeben oder weglassen. Aber auch ohne diese Variationen lässt sich aus den wenigen guten Grundzutaten ein herrliches Sößchen kochen. Man muss ihnen nur Zeit geben, um sich zu verbinden - und darin liegt die Kunst. Mit Tomatensoße kenne ich mich aus und ich habe noch nie zwei Soßen gekocht, die gleich geschmeckt haben. Im Gegenteil, ich kenne kaum ein Gericht, das so einfach und lecker ist, das so viele Geschmacks-varianten ermöglicht und bei dem man so viel richtig machen kann - aber auch falsch. Und selbst wenn ich mein Bestes gegeben habe, kann es sein, dass meine Soße anderen nicht schmeckt.

All das haben wir gelebt und unseren Kindern vorgelebt in der Hoffnung, dass dieser Same auf fruchtbaren Boden fällt und so tief wurzelt, dass er Dürrezeiten überlebt.

Wie man sich täuschen kann…

Was uns klüger macht

Wir hatten im vergangenen Sommer, von dem wir nicht wussten, dass er unser letzter sein sollte, viel über Veränderungen gesprochen und auch im Haus Veränderungen vorgenommen. Es war das Jahr, in das für uns beide unser 60.Geburtstag fiel.

Vermutlich wirft die Zahl 60 doch mehr Fragen auf, als man sich zugestehen will, für mich jedenfalls war die 60 immer nur eine Zahl und keine Zäsur. Wir hatten auch davon gesprochen, wie schlimm es wäre, wenn einer von uns ohne den anderen weiterleben müsste. Der Gedanke war schon häufiger aufgeblitzt, aber zuletzt meinte ich, eine besondere Dringlichkeit darin zu spüren. Natürlich geht irgendwann immer einer zuerst und unsere Angst war, dass es bald geschehen könnte. Wir führten diesen Gedanken aber niemals soweit aus, dass das Thema des Umgangs mit dem Alleinsein ausgesprochen wurde. Wir waren der Frage ausgewichen, ob verlassen werden auch bedeutet, dauerhaft alleine weiterleben zu müssen. Ich konnte mir nicht vorstellen, für eine andere Frau eine so große Liebe zu empfinden und mit ihr glücklich zu werden. Genauso fehlte mir die Fantasie dafür, wer an meiner Stelle Annes Leben erfüllen könnte. Spürbar war nur, dass der Gedanke, dauerhaft alleine zu bleiben, für uns beide unerträglich war.

Natürlich kannten wir Beispiele, in denen genau das eingetreten war: Dass nach dem Tod des Ehepartners sehr schnell, manchmal nach wenigen Monaten, eine neue Liebe entstanden war, und auch ich war vorschnell, die Richtigkeit dieser Veränderung in Zweifel zu ziehen. Aber es gibt nichts, was uns nicht zu neuer Erkenntnis führt, und dass uns vor allem der Tod klüger macht, weiß schon die Bibel.

Meinungen sind auch dazu da, revidiert zu werden, sonst erstarren sie zu Dogmen und münden in Überheblichkeit. Klugheit beruht in erster Linie auf Erfahrung, und in diesem Sinne klug werden erst diejenigen, die bestimmte Krisen durchlebt und gemeistert haben, um urteilen zu können. Insofern hat Annes Tod mich klüger gemacht, auch wenn der Preis für diese Erkenntnis extrem hoch war.

Der Tag, der uns aus dem Leben warf

Der Tag, als Anne starb, hatte angefangen wie jeder andere Tag. Er lag noch in den Sommerferien, wir waren zu Hause und hatten nichts Besonderes geplant. Den Vormittag vertrödelten wir im Haus, für den Nachmittag hatte Anne eine Freundin eingeladen. Gegen Mittag hantierten wir gemeinsam in der Küche, sie bereitete einen Kuchen vor, ich war mit dem Mittagessen beschäftigt. Anne war pingelig und mich wundert noch heute, dass sie eine Schokoladentarte zusammenrührte, während ich neben ihr Sauerkraut kochte. „Das nimmt an!“, hatte sie sonst immer gesagt, „nachher schmeckt der Kuchen nach Sauerkraut!“ Sie stellte nie eine Buttercreme in den gleichen Kühlschrank neben Käse und Wurst – „das nimmt an!“ war ihr immer gleicher Einwand. Ich hätte es nicht geschmeckt, aber sie war pingelig.

Das alles spielte an diesem Tag keine Rolle für sie. Und so verging die Zeit bis zum Abend. Gegen 17.30 verabschiedete sie ihre Freundin, gleichzeitig machte ich mich auf den Weg zum Metzger im Nachbarort, um für das Abendessen einzukaufen. Vorher drückte sie mir noch einen Kuss auf die Backe.

Nach dem Abendessen räumten wir gemeinsam den Tisch ab und sie zog sich zurück in ein Nebenzimmer, um mit Kollegen zu telefonieren. Das neue Schuljahr stand bevor und es gab einiges zu besprechen. Dort stand ein Sofa, auf dem sie es sich für epische Telefonate gerne bequem machte.

Währenddessen lag ich im Wohnzimmer auf der Couch und hatte den Fernseher eingeschaltet. Anne hatte die Tür zum Nebenzimmer geschlossen, das machte sie immer, wenn sie in Ruhe und ausgiebig telefonieren wollte.

Kurz nach 19.00 Uhr läutete das Festnetztelefon mehrmals kurz hintereinander, und zuerst dachte ich mir nichts dabei. Normalerweise benutzte sie das Festnetztelefon für ihre Gespräche, und dass es mehrfach läutete, fiel mir zunächst nicht auf. Sie ließ es häufiger läuten und rief dann später zurück – vielleicht, so dachte ich mir, schreibt sie gerade eine Nachricht auf WhatsApp.

Nachdem sich das Klingeln mehrfach wiederholt hatte, wurde ich aufmerksam, öffnete die Tür und fand sie über die Sofalehne liegend. Ihr Kopf war nach hinten gefallen, der Mund stand offen, die Augen waren geschlossen, ihre Fingerspitzen waren grau, Atmung und Puls waren nicht vorhanden. Mein jüngster Sohn war im Haus, ich rief ihn sofort zu mir, wir legten sie auf den Fußboden und ich begann mit der Herzdruckmassage. Zeitgleich setzten wir einen Notruf ab und nach ungefähr zehn Minuten trafen die ersten Sanitäter ein und übernahmen den Wiederbelebungsversuch. Ein zweites Notarztfahrzeug kam hinzu, zuletzt landete auch noch ein Rettungshubschrauber. Wir standen zunächst hilflos dabei und konnte nur zusehen, wie sie mit Defibrillator, Intubation, mechanischer Herzdruckapparatur und intravenöser Medikation ihr komplettes Arsenal auffuhren. Der Defibrillator wurde immer und immer wieder hochgefahren, ihr Körper zuckte kurz bei jedem Stromstoß, danach erschien eine Nulllinie bis zum nächsten Impuls. Schließlich bat man uns, den Raum zu verlassen.

Inzwischen hatte auch der örtliche Pfarrer von dem Vorfall erfahren und stand vor der Tür – er wohnt in unserer Nachbarschaft. Als Notfallseelsorger bot er mir seinen Beistand an, setzte sich zu mir an den Tisch und schlug vor, eine Kerze zu entzünden. Das lehnte ich entschieden ab. Die Notärzte kämpften ja noch um ihr Leben.

Was dann geschah, hat sich zu einem Konglomerat aus Bildern und Geräuschen verbunden, die mir heute noch durch den Kopf gehen: Die Worte der Notärztin („Es tut uns leid…“), die Anrufe bei meinen Kindern („Die Mama ist tot!“), die Übermittlung der Nachricht an Annes Familie und an ihre engsten Freunde. Wie in Trance ging ich hinaus in die Dunkelheit, klopfte an die Fenster der Nachbarn und setzte sie von Annes Tod in Kenntnis. Ziemlich schnell waren mein ältester Sohn, Annes Mutter und Geschwister vor Ort, so waren mein Jüngster und ich nicht alleine.

Die Sanitäter hatten Anne auf das Sofa gelegt, auf dem sie gestorben war, und eine Decke über sie ausgebreitet. Ihr Kopf lag frei und meine größte Sorge war in diesem Moment, ihren Mund zu schließen, bevor die Leichenstarre eintrat. Ich nahm ein Handtuch, rollte es zusammen, schob es unter ihr Kinn und zog die Decke darüber. Niemand hat meinen kleinen kosmetischen Kunstgriff bemerkt, mit dem ich verhindern wollte, dass sie mit aufgerissenem Mund dalag. So hat sie noch über Stunden hinweg ihr Lächeln und ihre Schönheit behalten.

Lange nach Mitternacht kam eine Ärztin zur zweiten Leichenschau und stellte, nachdem sie höchstens eine Minute bei Anne gewesen war, den endgültigen Totenschein aus. „Herzinfarkt“ war darauf als Todesursache vermerkt. Ob es stimmte, weiß ich bis heute nicht. Die Rechnung schickte sie mir zwei Tage später zu – kommentarlos. Über diese Taktlosigkeit geriet ich so in Wut, dass ich mir eine monatelange

Auseinandersetzung mit der Landesärztekammer lieferte, die immerhin damit endete, dass man mir gegenüber das Verhalten der Ärztin missbilligte.

Eine Stunde später kam meine Tochter, die von einem Freund aus Münster gebracht wurde.

Ich habe in dieser Nacht nicht geweint, nur funktioniert. Die Tränen kamen erst am nächsten Tag, als die Bestatterin mich nach unserer Heiratsurkunde fragte. Tränen, so ist meine Erfahrung seitdem, brauchen nicht immer den ganz großen und dramatischen Auslöser. Als man mir ihren Tod mitteilte, blieb ich ruhig, der Schock verhinderte meinen Zusammenbruch. Als mir langsam klar wurde, was ihr Tod bedeutete, verlor ich die Fassung. Seitdem weine ich häufiger.

Mutmaßungen im Konjunktiv stelle ich nicht, aber eine Frage beschäftigt mich seitdem: Was wäre passiert, wenn mein jüngster Sohn an diesem Abend nicht bei mir gewesen wäre?

Er war sofort da, wir wechselten uns ab mit den Wiederbelebungs-versuchen und hatten gar keine Zeit um nachzudenken über das, was wir uns in diesem Moment noch gar nicht vorstellen konnten. Wir wurden zu einer Einheit, und er wuchs über sich selbst hinaus. Die Szenen der versuchten Wiederbelebung müssen sich in ihm ebenso eingebrannt haben wie in mir, und dass er selbst die Todesnachricht bei einigen Freundinnen überbrachte, zeigt, welche Stärke in ihm lag und liegt. Dafür bin ich ihm unglaublich dankbar. Dankbar bin ich auch für die Selbstlosigkeit seiner Freundin und der Freundin meines ältesten Sohnes. Sie hätten sich all dem nicht aussetzten müssen, aber sie hatten die Situation angenommen und uns dadurch unglaublich geholfen. Es ist wichtig, dass in emotional belastenden Situationen auch Menschen da sind, die durch eine größere Distanz dafür frei sind, sich zu kümmern und einfach „anzupacken".

Das Leben konfrontiert uns ungewollt mit Aufgaben, an denen wir wachsen oder scheitern. Mein Jüngster hatte sich nicht ausgesucht, an diesem Tag bei mir zu sein, und welche Fragen seine Geschwister sich stellen, will ich mir gar nicht erst ausmalen. Jede andere Konstellation hätte das Unabwendbare nicht verhindert, auch dann nicht, wenn alle drei gleichzeitig dagewesen wären. Es wäre gut gewesen, darüber zu sprechen, aber dazu ist es bis heute nicht gekommen.

Die nächsten Tage

Am nächsten Morgen verständigte ich die örtliche Bestatterin, die mich sofort zu sich bat und mit der Sargauswahl konfrontierte. 24 Stunden vorher war unser Leben noch ein völlig anderes, jetzt sollte ich einen Sarg für Anne aussuchen – und das war nicht die letzte Absurdität dieses Tages.

Dann kam viel Besuch, um Anne ein letztes Mal zu sehen und mit uns zu trauern. Annes Freundin stand lange mit mir am Totenlager, etliche Freunde und Verwandte kamen ebenfalls. Gegen Mittag traf die Bestatterin ein, um Anne abzuholen, wir hatten uns währenddessen im Wohnzimmer versammelt, um diesen Akt nicht mitzubekommen. Anschließend räumte ich die Auflage vom Sofa, auf dem sie gelegen hatte und beseitigte die Spuren der Wiederbelebungsversuche auf dem

Fußboden. Der Bestatterin hatte ich die Kleidung mitgegeben, die Anne am Vortag getragen hatte, außerdem Bettwäsche für die Auskleidung des Sarges.

Ebenfalls keine 24 Stunden nachdem wir noch lebend zusammen gewesen waren, musste ich eine Traueranzeige formulieren – das war die nächste Absurdität. Der Text war sparsam: „Unendlich geliebt" als Vorspruch, dann ihr Name und ihre Lebensdaten, darunter „Unser Schmerz kennt keine Worte", gefolgt von den Namen der Hinterbliebenen sowie Ort und Zeit der Beerdigung. Spendenwünsche äußerte ich nicht, und Corona war mir egal. Wer kommen wollte, sollte kommen.

An das, was sonst noch war, fehlt mir die Erinnerung. Annes Familie war lange da, und fuhr abends wieder. Die Freundinnen meiner beiden Söhne waren mitgekommen und blieben die ganze Zeit, was uns sehr geholfen und entlastet hat. Es tut gut, in einem solchen Fall Menschen um sich zu wissen, die ein bisschen Abstand haben und den Sinn für das Pragmatische behalten.

Da wir viele Trauergäste erwarteten, musste ich eine Bewirtung im Anschluss an die Beerdigung organisieren. Hier sagte uns das benachbarte Weingut spontan und unkompliziert seine Hilfe zu, so dass das anschließende Beisammensein in dessen Hof stattfinden konnte – auch dafür waren wir sehr dankbar, zumal die Corona-Auflagen zu diesem Zeitpunkt eine Zusammenkunft in einem geschlossenen Raum unmöglich gemacht hätten.

Wir hatten Anne nach ihrem Tod über Nacht bis zum nächsten Mittag bei uns, und das war gut. Sie lag dort, wo sie gestorben war und alle, die wollten, konnten zu ihr gehen und so lange bei ihr bleiben, wie sie wollten. Das war hart, aber es war rückblickend gut, weil es uns dazu zwang, ihre äußerlichen Veränderungen im Tod langsam und bewusst mitzuvollziehen: die Kälte und Starre, die sich langsam über den Körper legt, die Veränderung der Hautfarbe, die Leichenflecken. Annes Lächeln und ihre Schönheit waren trotzdem bis zuletzt in ihrem Gesicht erkennbar, auch wenn die Lebendigkeit, die dazu gehörte, unwiderruflich daraus entwichen war.

Die Phasen, die der Trauer gewöhnlich zugeordnet werden (1. Nicht-Wahrhaben-Wollen, 2. Aufbrechende Emotionen, 3. Suchen und Sich-Trennen, 4. Neuer Selbst- und Weltbezug), sind in dieser Verallgemeinerung sicherlich zutreffend, ihre Intensität, Abfolge und Dauer differieren aber je nachdem, wer trauert, um wen getrauert wird und in welchem familiären Kontext sich die Trauer vollzieht.

In den ersten Tagen war es wichtig, dass vieles Hand in Hand ging und dass mir und meinen Kindern vieles abgenommen wurde. Der Alltag musste weitergehen, und seine Bewältigung kann, gerade in einer solchen Situation, ein Gefühl von Kontinuität und Sicherheit erzeugen. Einkaufen, Kochen, Waschen, Putzen – das alles musste erledigt werden und lenkte zumindest vorübergehend ab. Die Freundinnen der Kinder, Annes Freundin und Familie haben uns in dieser Zeit vieles abgenommen. Der Schock vermischte sich deshalb schnell mit einem Pragmatismus, der uns auf Trab hielt.

Am Sonntag nach Annes Tod versammelten wir uns zum Trauergespräch. Sie hatte immer den Wunsch geäußert, im Falle ihres Todes die örtliche Kirchengemeinde nicht zu involvieren, weil das

Zerwürfnis von 2002 bis zuletzt in ihr nachgewirkt hatte. Deshalb baten wir die ehemalige Pfarrerin aus der Kirchengemeinde ihrer Eltern, uns zu begleiten und die Beerdigung zu gestalten. Anne hatte selbst ein gutes persönliches Verhältnis zu ihr, die beiden hatten sich gekannt, und deshalb waren wir sehr erleichtert, dass sie kurzfristig zusagte.

Das Gespräch selbst dauerte lang und war hochemotional. Ich habe viel erzählt, um genau zu sein habe ich fast die ganze Zeit erzählt. Wahrscheinlich habe ich das Gespräch ungewollt dominiert. Wenn es so war, hätte für alle anderen jederzeit die Möglichkeit bestanden, selbst etwas zu sagen.

Die Zeit bis zur Beerdigung zog sich dahin, und sehr schnell schufen wir uns Rituale, um die Tage zu strukturieren. Kritisch waren die Abende, wenn es keine Aufgaben mehr gab, die uns ablenkten und das Zeitgefühl beschleunigten. Wir beschlossen, uns im Wohnzimmer vor dem Fernseher zu versammeln und abendlich einen „James Bond“ anzusehen. Die DVD-Sammlung hatten mir die Kinder ein paar Jahre zuvor geschenkt, wir kannten sie auswendig, trotzdem half sie uns, dass die Zeit bis zum Schlafengehen verging.

Alles hat seine Zeit

Am Tag der Beerdigung genau eine Woche nach Annes Tod hatte sich das Wetter beruhigt. Die Tage davor waren unbeständig gewesen und hatten mich befürchten lassen, dass manche Trauergäste der Beerdigung und dem anschließenden Beisammensein fernbleiben könnten.

Auf dem Friedhof hatte sich eine große Menschenmenge versammelt, die nach meinem Eindruck hauptsächlich von außerhalb gekommen war. Die Schulgemeinschaft des Gymnasiums, an dem Anne unterrichtet hatte, war mit einem großen Teil des Kollegiums vertreten, und von meiner Schule waren nicht nur viele Kolleginnen und Kollegen, sondern auch die komplette Schulleitung gekommen. Von Annes Schule hatte außerdem der Fachbereich Musik kurzfristig ein kleines Programm aus Instrumental – und Vokalstücken einstudiert und damit nicht zuletzt Anne aus dem Herzen gesprochen.

Als Text für die Ansprache hatte ich mir „Alles hat seine Zeit“ (Pred.3) gewünscht, außerdem wollte ich, dass „In diesem Moment“ von Roger Cicero wenigstens teilweise vorgelesen wird – Anne hatte Roger Cicero geliebt und war über seinen plötzlichen Tod 2014 tief erschüttert.

„Alles hat seine Zeit“ gehört sicherlich zu den am häufigsten zitierten Bibelversen, das ändert aber nichts an seiner Bedeutung und Tiefe. Als weisheitlicher Text ist er ursprünglich eher philosophisch und wurde erst später theologisch überarbeitet. Ob mit oder ohne Gott - er ist so zeitlos wie wahr, weil sich Tag für Tag bestätigt, dass alles seine Zeit hat und seine Zeit braucht. Wann was geschieht, ob es uns ins Konzept passt, ob es uns zurückwirft, anhält oder weiterbringt, ob wir es verstehen und wie lange es dauert, haben wir nicht in der Hand. Es sollte nicht das erste und schon gar nicht das letzte Mal sein, dass sich diese Worte für mich bewahrheiteten.

Die Trauerfeier habe ich mir in allen Einzelheiten zugemutet und nicht an mir vorbeiziehen lassen. Ich suchte mit meinen Kindern währenddessen den Körperkontakt, wir weinten und ich kann rückblickend gar nicht sagen, welcher Moment von allen der schwerste war. Der Weg zum Grab war kurz, die Pfarrerin verlas am Grab Roger Ciceros „In diesem Moment“, dann wurde der Sarg in die Grube gelassen.

Die Bitte um den Verzicht auf Beileidsbekundungen am Grab hatte ich in der Traueranzeige unterlassen, weil ich niemanden bevormunden wollte. Niemand sollte sich zu einer Form gezwungen fühlen und nur, wer nichts macht, macht auch nichts verkehrt – das war Annes Wahlspruch.

Die Zahl der Trauergäste, die uns am Grab kondolierte, war endlos. Oft zerstreut sich die Menge nach der Trauerfeier und viele gehen weder mit zum Grab noch warten sie, um persönlich ihr Beileid auszusprechen. Bei Anne war das anders, und es dauerte lange, bis alle, die geblieben waren, uns persönlich ansprechen konnten.

Das anschließende Beisammensein im Weingut fand unerwartet großen Zuspruch, für 50 Personen war gedeckt, die doppelte Anzahl musste kurzfristig versorgt werden. Aber die Versorgung lief reibungslos, und niemand blieb hungrig und durstig.

Viele blieben lange sitzen und ich versuchte, mir für jede Tischgruppe Zeit zu nehmen. Dass so viele Menschen, die einen bisher durch das Leben begleitet haben, auf einmal zusammenkommen, geschieht nur bei Beerdigungen. Die meisten davon sind sich vorher nie begegnet und werden sich auch danach nie wieder sehen, der Beerdigungskaffee wird zum biographischen Brennglas, das in dieser Form einmalig ist.

Der Rest des Tages ist aus meiner Erinnerung verschwunden, endete aber vermutlich auch mit unserem 007-Ritual.

Wenige Tage nach Annes Beerdigung war mein 60. Geburtstag, einen Tag später begann für meine Tochter in Münster die Abschlussprüfung der Krankenpflegeausbildung. Den Geburtstag begingen wir im kleinen Kreis, die Kinder gaben sich alle Mühe, ihn für mich schön zu gestalten, die Geschenke hatte Anne noch besorgt. Später brach meine Tochter nach Münster auf, begleitet von ihrer Oma und ihrer Tante, so war sie in dieser kritischen Zeit nicht alleine. Vor ihrem Mut, sich unter diesen Bedingungen dem Stress einer mehrwöchigen Prüfung auszusetzen, habe ich bis heute den größten Respekt.

Der Weg zurück

Trauer folgt keiner Gesetzmäßigkeit und keinem Plan. Sie verläuft in Phasen und in Wellen von unterschiedlicher Intensität und Länge. Es gibt kein Zeitraster und schon gar kein „Richtig“ oder „Falsch“. Das Model der Trauerphasen mag im professionellen Bereich von Beratung und Dienstleistung hilfreich sein. Um sich selbst in der Trauer zu spüren und zu orientieren, hilft es schon deshalb nicht, weil es in dieser Schematisierung ein reines Theorieprodukt ist. Als Beschreibung für die psychische und emotionale Selbstregulation spiegelt es die Außenwahrnehmung. Wie Trauernde sich selbst fühlen, wie sich mit sich selbst kämpfen, hadern und was sich in ihnen verändert, können sie nicht erzählen. Trauer war und ist mit zahlreichen Tabus belegt, die bis heute im Umfeld der Trauernden eine Erwartung schaffen, die häufig zu Konflikten führt.

Annes Freundin Inga war die erste, die außerhalb der Familie von Annes Tod erfuhr, mein jüngster Sohn hatte sie angerufen. Und sie wurde die

Person, die in der folgenden Zeit zur größten Stütze für meine Kinder und mich wurde, ihr Beistand hat uns wochenlang durch jeden einzelnen Tag getragen. Wir kannten uns seit über 20 Jahren, ihre und meine Kinder hatten die gleiche Schule besucht und die Schulzeit teilweise gemeinsam verbracht.

Am Tag nach dem Trauergespräch bot sie uns zum ersten Mal an, sie zu besuchen und ein paar Stunden auf ihrer Terrasse zu verbringen. Ihre Hündin hatte ein paar Wochen zuvor Welpen bekommen und die Zeit bei ihr versprach ein wenig Zerstreuung. Der Fußweg hin und zurück durch die Weinberge sollte uns ebenfalls entlasten, dadurch verging eine weitere Stunde, die uns dem Abend und seinem 007-Ritual näherbrachte.

Nachmittags machten wir uns auf den Weg, saßen für ein bis zwei Stunden in ihrem Garten, und die Welpen waren die ersten Wesen, die uns nach den vielen Tränen wieder zum Lachen brachten.

In den folgenden Wochen waren wir fast täglich und in wechselnder Besetzung bei ihr zu Gast. Mein ältester Sohn und seine Freundin waren inzwischen auch in ihren Alltag zurückgekehrt, mein jüngster Sohn und ich waren im Haus übriggeblieben und gingen fast täglich zu Inga. Unsere Besuche waren für sie alles andere als einfach, weil sie sich, nicht zuletzt durch den Verlust ihrer Freundin, selbst in einer schwierigen Situation befand. Das hielt sie nicht davon ab, uns ihr Haus zu öffnen und ihre Zeit zu schenken.

Zwei Wochen nach der Beerdigung fuhren mein jüngster Sohn und ich nach Münster, wo er sich mit meiner Tochter eine Wohnung teilt. Nach ihrer letzten Prüfung und ihrem bestandenen Examen ließ ich mein Auto in Münster stehen und fuhr alleine mit dem Zug zurück. Irgendwann musste ich mich ja der Leere und Stille des Hauses aussetzen, das ich in Zukunft alleine bewohnen sollte. Die Tage bis zur Examensfeier in Münster verbrachte ich also zum ersten Mal alleine in dem Haus, in dem ich die Stille bisher immer nur deshalb aushalten und genießen konnte, weil ich wusste, dass Anne wieder zurückkommen würde.

In diesen Tagen fing ich an, mich systematisch auf meinen eigenen Tod vorzubereiten. Ich wollte mir nicht selbst das Leben nehmen, betete aber jeden Abend, dass ich am nächsten Morgen nicht aufwachen würde. Meine Gitarrensammlung war mir egal, alles war mir gleichgültig geworden. Ich fing an, sämtliche Dokumente zu sammeln, die in meinem eigenen Todesfall relevant waren, sichtete Unterlagen und fertigte eine Liste an, auf der ich Adressen, Versicherungsnummern, Kontakte und Verfahrenshinweise zusammenstellte und nach Prioritäten ordnete. Wer ist in welcher Reihenfolge über meinem Tod zu benachrichtigen, welche Verbindlichkeiten bestehen, welche Verträge müssen geändert werden, welche Vorsorge ist für das Haus zu treffen? Ich führte Gespräche mit der Bank, telefonierte mit den Versicherungen, stellte Vollmachten aus und tat alles, von dem ich glaubte, dass es am „Tag X“ meinen Kindern helfen würde, meinen eigenen Tod abzuwickeln. Da war viel zusammengekommen, und mich erstaunt heute noch, wie stark verwoben unser Leben ist und wie sich unsere Verbindlichkeiten im Laufe der Zeit summieren. Annes Verträge und Abonnements musste ich ebenfalls kündigen, zuletzt löschte ich ihre Email-Konten. Auch unser digitales Leben muss ja beendet werden, sofern es sich beenden lässt und die Digitalisierung uns nicht eine Form des Weiterlebens aufzwingt, die keine Religion jemals für möglich gehalten hätte.

Die organisatorische Vorbereitung auf meinen „Tag X“ zog sich über Monate hin, weil immer etwas Neues dazu kam. Für die Anträge auf Hinterbliebenenrente musste ich Annes Studienzeiten nachweisen und wurde von den Universitäten Marburg und Tübingen an die Archive verwiesen, die mir jeweils schnell und unbürokratisch halfen. Trotzdem hinterlässt es ein komisches Gefühl, dass ein Lebensabschnitt, an den die Erinnerung noch so lebendig ist, heute schon im Archiv ruht.

Fast täglich saß ich in diesen Wochen bei Inga auf der Terrasse. „Ich habe mit meinem Leben abgeschlossen“, sagte ich und erzählte ihr von der Ledertasche, die sich langsam mit meiner Liste und den Dokumenten füllte, um nach dem „Tag X“ sukzessive abgearbeitet zu werden. Inzwischen hatte ich auch mein Testament geschrieben, unser gemeinsames Testament lag bereits beim Amtsgericht.

Inga war sehr erschrocken. Ihr ging es ebenfalls nicht gut, das hatte ich schon lange vorher gewusst. Sie war unglücklich, fühlte sich erschöpft und sinnentleert, eine Brustkrebsdiagnose hatte ihr ein Jahr zuvor das letzte Fünkchen ihres Lebenswillens ausgelöscht. Zur rettenden Operation hatte sie sich erst nach langem Zögern und vielen Überredungsversuchen entschlossen. Wozu noch leben? Auch Anne hatte sie immer wieder ermutigt, am Leben festzuhalten: „Es wird sich danach schon alles zum Besseren wenden …“

Zwei Eingriffe waren nötig, um das pathogene Gewebe zu entfernen und die Brust wieder aufzubauen. Der Krebs war erst im Vorstadium, die Eingriffe waren erfolgreich, wenn auch der zweite kosmetisch nicht zufriedenstellend war. Die unmittelbare Gefahr war abgewendet, aber die Resignation war geblieben. Wozu am Leben festhalten, wenn ich mich mir nicht einmal äußerlich selbst gefalle? Sie war geheilt, aber dadurch nicht glücklich geworden. Beruflich stand sie vor einer Veränderung, deren Erfolg ungewiss war.

Die Gespräche mit ihr waren für mich auch deshalb heilsam, weil sie mich dazu veranlassten, die Perspektive zu ändern. Auch sie war traurig, existenziell verunsichert und wollte ihr Leben verändern. Uns ging es ähnlich. Wir hatten beide viel verloren und wünschten uns das Gefühl von Leichtigkeit zurück.

Der Fokus unserer Gespräche verschob sich von meiner Verlusterfahrung auf ihre und ich war dankbar, dass nicht nur sie mich tröstete, sondern dass auch ich ihr zuhören und zeigen konnte, dass ich sie verstand. Irgendwann muss man anfangen, von der eigenen Trauer abzusehen und sie einzuordnen in das, was andere beschäftigt. Das Leben bleibt im Fluss, und es hilft nicht, am Ufer stehen zu bleiben, an das man gespült wurde. Das steht so in keiner Literatur über Trauerprozesse beschrieben, hat sich aber für mich bewahrheitet.

Inga war in dieser Zeit, neben meinen Kindern, der wichtigste Mensch in meinem Leben geworden. Natürlich bekam ich auch Zuspruch von außerhalb. Einzelne Kolleginnen und Kollegen, mit denen sich über Jahrzehnte hinweg ein vertrauensvolles Verhältnis entwickelt hatte, kümmerten sich um mich, besuchten mich und nahmen mich in ihre Mitte. Die Mitglieder meiner beiden Bands, in denen ich damals spielte, besuchten mich zu Hause. Dabei sprachen wir natürlich über den Verlust von Anne, aber auch ganz viel über Alltägliches und Banales. Wir lachten auch und blödelten herum und ich merkte, wie gut mir das tat.

Was dir guttut

Als die Tage kürzer wurden, verlegten wir unsere Gespräche von der Terrasse aufs Fahrradfahren, das geht auch bei Dunkelheit. Unsere Touren führten uns dabei über jene Routen, die Anne und ich immer gefahren waren. Mich auch damit zu konfrontieren, half mir und wäre ohne Ingas Beisein zu diesem Zeitpunkt nicht möglich gewesen.

Mich quälte in diesen Wochen der Gedanke an den Advent und die Weihnachtstage. Das war Annes „heilige Zeit", detailliert durchgeplant und ritualisiert, mit viel Hingabe und noch mehr Dekoration liebevoll gestaltet, auch wenn ich mit weniger von allem zufrieden gewesen wäre.

Wie sollte ich es in diesem Jahr machen? Es klingt grotesk, dass einem in der Trauer die Gedanken an Kugeln und Lichterketten den Schlaf rauben können, aber die Frage „Schmücke ich das Haus und, wenn ja, wie?" war in diesem Fall tatsächlich existenziell. Ich hätte gerne auf alles einschließlich des Baumes verzichtet, wusste aber auch, dass meine Kinder ein weihnachtliches Ambiente erwarteten. Ich hätte es ihnen selbst überlassen können, aber ich wollte zu dieser Zeit keinen Konflikt riskieren.

Inga ermutigte mich, das zu tun, was ich selbst für mich als gut empfinden würde, und sie verstärkte das oft mit den Worten „Tu, was dir guttut!" Damit habe ich in den folgenden Wochen oft gerungen.
„Tu, was dir guttut!" – das ist immer leicht gesagt. Wenn man danach lebt, funktioniert keine Ehe und keine Familie. Wann ist die Zeit, mein eigenes Wohl in den Mittelpunkt zu stellen, wann erlaube, wann gönne ich mir das? Im Alltag einer Ehe und als Eltern verkneift man sich das

meistens und stellt die eigenen Bedürfnisse zurück. Es geht nur so - bis zu dem Punkt, an dem es plötzlich anders gehen *muss*. An dieser Stelle merkte ich zum ersten Mal, dass das, was den anderen guttun sollte, bei mir das Gegenteil bewirkte. Und mir war klar, dass alles, was mir selbst gutgetan hätte, andere verletzen musste. Manchmal stehen Interessen so diametral gegeneinander, dass es nicht allen gleichzeitig gutgehen kann.

Natürlich wünsche ich allen Menschen, die mir nahestehen, dass es ihnen gutgeht – meistens jedenfalls. Gelegentlich blitzt aber auch in mir die ketzerische Idee auf, dass mir das Wohlergehen anderer entweder egal ist, andere mir nicht alle gleich wichtig sind oder dass ich zuerst an mich selbst denken muss. Manchmal ist es ausgeschlossen, dass eine Entscheidung, die mir guttut, anderen ebenfalls gerecht wird, und niemandem ist geholfen, dass es anderen durch mich gutgeht und ich selbst dabei auf der Strecke bleibe. Der Wunsch, dass es anderen gutgeht, klingt immer aufrichtig und empathisch. Aber damit es sich bewahrheiten kann, müssen viele Faktoren ineinandergreifen, die ich größtenteils nicht beeinflussen kann. Das Glück der anderen liegt oft außerhalb meines Einflusses und manchmal auch meines Willens, und die Aufhebung aller konkurrierenden Interessen in einem allgemeinen Wohlbefinden ist unerreichbar.

Heute weiß ich, dass das, was mich leben lässt, meine Kinder verletzt und von mir entfernt hat. Ich verstehe sie, aber ihre Unerbittlichkeit ist mir ein Rätsel. Mein neues Leben um ihretwillen aufzugeben würde mich unglücklich machen. Wenn das der Preis für ihr Wohlergehen ist, will ich ihn nicht zahlen. Dass es beiden Seiten gleichzeitig gutgeht, ist damit ausgeschlossen, und dass sie mit mir ihren Frieden machen, liegt so weit entfernt wie der nächste bewohnbare Planet.

Das Leben löst sich nicht im Wohlgefallen auf, wir bleiben einander vieles schuldig, egal wie sehr wir uns bemühen, allen und allem gerecht zu werden. Leben in seiner Begrenztheit schließt ein, dass wir scheitern, und ich bin froh, dass Menschen nicht die letzte Instanz sind, um darüber zu urteilen.

Alle Jahre wieder

Die Frage nach der Weihnachtsdekoration wurde zur inneren Zerreißprobe, was nicht verwundert, wenn man bedenkt, wie viel Symbolkraft und Emotionalität mit dem Weihnachtsfest in meiner Familie verbunden war. Schließlich rang ich mich dazu durch, sparsam zu schmücken. Weihnachten sollte im Haus erkennbar sein, aber bis auf die Herrnhuter Sterne in den Fenstern, wenige Kugeln und Lichterketten verzichtete ich auf alles andere. So waren Bruch und Kontinuität gleichzeitig sichtbar, weniges war wie immer, und das meiste war anders. Anne war nicht mehr da, und das sollte auch äußerlich sichtbar werden.

Der 1.Advent, der immer im erweiterten Familienkreis gefeiert worden war, bestätigte mein Unbehagen. Wir saßen zusammen in der traditionellen Runde, aber Anne fehlte. Die Gespräche stockten, die Stimmung war gedrückt. Annes Heiterkeit und ihr Lachen waren verklungen, und dass sie die Mitte und das Bindeglied von allem gewesen war, müssen alle überdeutlich gespürt haben. Dass auch der

Heilige Abend so begangen werden sollte, zeigte mir, dass die Nostalgie größer war als die Bereitschaft, das Ritual zu verändern.

Ich wäre in diesen Wochen dankbar gewesen für jeden Impuls, Heiligabend anders zu gestalten, vor allem nicht in unserem Haus. Darauf wartete ich vergeblich, wollte aber keinen Konflikt provozieren. Ich fühlte mich komplett alleingelassen, hatte aber keine Kraft, bei denen zu fragen, von denen schon in den Wochen davor kaum Unterstützung gekommen war.

Und so wurde es Heiligabend und das Einzige, was ihn rettete, war Ingas Einladung, vor der Bescherung bei ihr vorbeizukommen und gemeinsam mit ihrer Familie einen Glühwein zu trinken. Das war, zusammen mit dem Geschenk meiner Kinder für mich, der schönste Teil des Abends, auf alles andere hätte ich gerne verzichtet.

Zum Heiligabend hatte immer der traditionelle Kartoffelsalat gehört, den ich, wie immer in zwei Sorten, zum ersten Mal selbst zubereitete, denn auch der Kartoffelsalat gehörte zum Ritual und seine Zubereitung wurde von Anne ebenfalls zelebriert. Auch das übrige Essen entsprach exakt dem Ritual – nur, dass es mir nicht schmeckte und die ganze Situation mich komplett überforderte. Da lief einfach der falsche Film ab, und weil das alle ziemlich schnell bemerkten, war das Zusammensein nach nicht einmal zwei Stunden beendet und ich war mit meinen Kindern wieder alleine.

Niemand hatte mich vorher auch nur einmal gefragt, was *ich* an diesem Abend wollte. Ich war der Zeremonienmeister, so wie Anne all die Jahre Herz und Seele der Zeremonie gewesen war. Aber es fühlte sich künstlich und erzwungen an, ich fühlte mich fremd und ich glaube, meinen Kindern ging es genauso. Das Ende des Abends ist aus meinem Gedächtnis verschwunden, aber der Fernseher lief wohl noch eine Weile, und irgendwann sind wir ins Bett gegangen.

Wir waren nur Freunde

Zu diesem Zeitpunkt kannten Inga und ich uns seit über 20 Jahren. Sie war Annes Freundin, war häufig bei uns oder Anne war bei ihr. Ich gehörte zu dieser Geschichte, deren Bindeglied Anne war. Wir mochten uns, nahmen Anteil aneinander – mehr war es nicht.

Bald nach dem Jahreswechsel merkte ich auf einmal, dass sich etwas in mir veränderte und dass es sich anders anfühlte, wenn wir uns trafen oder miteinander telefonierten. Ich konnte dieses Gefühl zuerst nicht einordnen und traute mich nicht, es als das zuzulassen, was ich immer deutlicher spürte. Meine Verwirrung steigerte sich und ich kämpfte mit mir. Ist das Liebe? Und wenn es Liebe ist – darf es Liebe sein? Ist es nicht viel zu früh dafür und wen werde ich damit verletzen? Wird Inga meine Gefühle erwidern und wie gehe ich mit einer Enttäuschung um? Ich wusste, dass Inga in ihrem Leben unglücklich war und sich von ihrem Mann trennen wollte. Aber war ich mit meinem Trauma der richtige Partner für sie? Wie wird ihre Familie reagieren, wenn sie ausgerechnet meinetwegen die Trennung vollzieht? Und war es überhaupt möglich, eine Frau zu lieben, die nicht Anne war?

Das Schlimmste an Annes Tod war das Gefühl, nie wieder geliebt zu werden und nie wieder lieben zu können. Eine andere Frau zu lieben erschien mir zuerst undenkbar. Das Gefühl, Anne zu verraten, wenn ich für eine andere Frau Liebe empfand, hatte ich nicht. Das wird mir bis heute unterstellt, aber es wird der Sache nicht gerecht. Anne war tot, ich war verlassen worden und musste mein Leben neugestalten. Dass dieser Weg zu Konflikten mit meinen Kindern führen würde, war mir zu diesem frühen Zeitpunkt bewusst. Aber, so beruhigte ich mich, sie würden ihre Zeit brauchen und es irgendwann akzeptieren. Immerhin war Inga keine Unbekannte, meine Kinder mochten sie, es würde am Anfang ein bisschen ruckeln, aber sie würden mir schon ihren Segen geben.

Inga merkte, dass da in mir etwas vorging, und auch sie begann, eine Veränderung in sich zu spüren. Das geschah nicht gleichzeitig, aber als ich mich ihr offenbarte, war auch bei ihr aus Freundschaft schon mehr geworden. Aber auch sie rang mit sich selbst. Das Vertrauen zwischen ihr und ihren Kindern war schon angeknackst – wie würden sie reagieren? Ihr Mann war sich ihrer sicher und glaubte, dass sie ihn niemals verlassen würde, weil sie damit viel riskierte. Wie würde er damit umgehen? Und dann das Gerede im Dorf: Mit Sicherheit würde man ihr nachsagen, sie sei die Nutznießerin von Annes Tod.

Für sie stand genauso viel auf dem Spiel, und auch sie wollte so wenig Schaden anrichten wie möglich. Dass sie sich in ihrer Ehe nicht mehr wohlfühlte, war zu diesem Zeitpunkt kein Geheimnis mehr, und so nahm sie ihren Mut zusammen und gestand ihrem Mann, dass sie ihn nicht mehr liebte und dass sie sich und ihm die Freiheit geben wollte, sich neu zu orientieren. Damit war sie innerlich und äußerlich frei, ihre Gefühle für mich zuzulassen, und der Makel des „Fremdgehens“ konnte nicht an uns haften.

Trotzdem mussten wir vorsichtig sein. In beiden Familien waren die Verletzungen und Empfindlichkeiten groß, unsere Beziehung sollte bis auf Weiteres geheim bleiben. Wie lange wir unsere Verborgenheit aufrechterhalten konnten und sollten, wussten wir beide nicht, aber eine Schonfrist war in beide Richtungen wichtig. Ihre Familie sollte Zeit bekommen, sich mit der neuen Realität abzufinden, für meine Kinder wäre der Zeitpunkt definitiv zu früh gewesen. Deshalb stellten wir uns darauf ein, unsere Beziehung fürs Erste geheim zu halten.

Um uns selbst zu prüfen und herauszufinden, ob wir auch über mehrere Tage miteinander harmonierten, buchten wir uns ein Wochenende in einem Hotel. Es ist ein Unterschied, ob man sich unter Zeitdruck trifft und vorsichtig sein muss, dass niemand etwas merkt, oder ob man unbeobachtet und frei miteinander umgehen kann. Inga musste dabei wesentlich vorsichtiger agieren, ihre Ankündigung, sich neu orientieren zu wollen, war erst wenige Wochen alt.

Deshalb überlegten wir uns beide eine Geschichte, die für die eigene Seite jeweils plausibel klang. Meine Kinder riefen mich regelmäßig an, deshalb musste ich ihnen eine Erklärung dafür liefern, dass ich mehrere Tage hintereinander nicht erreichbar war. Ingas Abwesenheit musste für ihre Familie nachvollziehbar sein. Beide Geschichten waren erfunden. Dass sie zum Sündenfall werden sollten, konnten wir uns beide zu diesem Zeitpunkt nicht vorstellen.

Heimlichkeiten fliegen immer auf, diese Lektion mussten wir schneller lernen als uns lieb war, und einen „Plan B“ hatten wir nicht. Zwei Tage nach unserem Wochenende stand Inga vor meiner Tür und eröffnete mir, dass sie aufgeflogen war. Ihre Familie war dahintergekommen, dass ihre Geschichte nicht stimmte.

Wir standen in meinem Flur, waren überrumpelt und wussten, dass jede Entscheidung, die wir jetzt treffen würden, nach außen hin nur falsch sein konnte. Der Verdacht, dass wir beide ein Verhältnis hatten, stand längst im Raum, unsere häufigen Treffen in den letzten Wochen hatten ihm Nahrung gegeben. Dass sie nur meine Gesprächspartnerin war, wollten ihre Kinder ihr schon lange nicht mehr glauben, und auch meine Kinder hatten Verdacht geschöpft. Ich selbst hatte ihnen von jedem unserer Treffen und Telefonate erzählt in der Hoffnung, dass sie sich ihren Teil dabei dachten. Und weil unsere Kinder sich kannten, mussten wir alles, was wir taten und sagten, aufeinander abstimmen, weil wir wussten, dass sie sich kurzschließen würden, wenn es einen Anlass dazu gab.

Uns war zu diesem Zeitpunkt klar, dass weitere Versuche, unsere Beziehung zu verheimlichen, früher oder später scheitern mussten. Theoretisch wäre es möglich gewesen, das Konstrukt noch für eine begrenzte Zeit aufrecht zu erhalten, aber es war schon zu labil, um noch glaubhaft zu sein.

Deshalb beschlossen wir spontan, unsere Beziehung offenzulegen, was für Inga bedeutete, dass sie sofort ausziehen musste. Sie fuhr zurück, packte das Notwendigste in einen Koffer und stand eine Stunde später wieder vor meiner Tür.

Was Ingas Kinder wussten, würde seinen Weg unmittelbar zu meinen Kindern finden, zumal die Drohung, sie zu informieren, bereits ausgesprochen war. Um das zu verhindern, rief ich zuerst meinen ältesten Sohn an und setzte ihn knapp davon in Kenntnis, danach erreichte ich meine Tochter. Mein jüngster Sohn erfuhr es dann von ihr. Nicht persönlich mit ihm gesprochen zu haben, gehört zu den vielen Fehlern, die ich mir vorwerfe, aber ich sagte es bereits: In dieser Situation kann man nur alles falsch machen.

Die Einzelheiten erspare ich mir, aber mit einer Ablehnung in dieser Wucht hatte ich nicht gerechnet.

Zwischen Aufmerksamkeit und Grenzüberschreitung

Spätestens jetzt muss die Frage erörtert werden, wieviel Einblick erwachsene Kinder (zu diesem Zeitpunkt zwischen 22 und 29 Jahren) in das Privatleben ihrer Eltern haben sollen und die Antwort hängt, wie so oft, von vielen Faktoren ab: von der Eltern-Kind-Beziehung, vom familiären Klima, vom Maß an Teilhabe und Transparenz. Dass Eltern sich lieben, sollen Kinder ruhig sehen, aber auch Eltern dürfen Geheimnisse haben. Es gibt einen Bereich von Intimität, der auch innerhalb einer Familie privat und blickdicht sein sollte - wenn der Freund der Tochter im eigenen Haus zu Besuch ist, respektiert man ja auch, dass die Tür verschlossen ist.

Je enger sich jedoch das Eltern-Kind-Verhältnis gestaltet und je länger diese Nähe nicht nur emotional, sondern auch räumlich besteht, desto schwieriger ist es für Eltern, den Teil ihres Lebens abzugrenzen und zu schützen, den sie für sich als privat ansehen. Solange Kinder klein sind, ist es einfach, vor ihren Augen und Ohren das zu verbergen, was sie nichts angeht. Je älter sie werden, desto schwieriger gerät dieser Balanceakt, und je länger sie zu Hause wohnen bleiben, desto schwerer wird es für Eltern, Nähe und Distanz auszubalancieren. Bei familiären Konstellationen mit grenzenloser Fürsorge, niedrigem Autoritätsgefälle und permanenter räumlicher Nähe verschwimmt irgendwann die Grenze zwischen Interesse und Übergriffigkeit, Aufmerksamkeit und Kontrolle. Wenn man den eigenen Kindern erklären muss, wohin man abends geht oder bei später Heimkehr misstrauisch gefragt wird, wo man war, ist etwas aus dem Gleichgewicht geraten. Auch wenn der Verdacht begründet ist, dass ein Elternteil „auf Abwegen“ geht, macht das die Sache nicht besser. Wenn Kinder ihre Eltern ausspionieren, wenn man Geschichten erfinden muss, um die eigene Nichterreichbarkeit zu erklären, ist lange vorher versäumt worden, Grenzen zu ziehen.

Es ist schon paradox, wenn Kinder sich darüber empören, ihren Eltern „auf die Schliche“ gekommen zu sein, weil sie in etwas geschnüffelt haben, das sie nichts angeht. Die digitale Privatsphäre zu schützen ist vergleichsweise einfach, Passwörter gehören zum ABC des modernen Lebens. Die physische Privatsphäre abzugrenzen ist sehr viel schwieriger, weil sie Respekt und Empathie voraussetzt. Die Generation unserer Kinder ist damit aufgewachsen, ihr digitales Ich vor Übergriffen zu schützen. Andererseits ist die Hemmschwelle, Persönliches öffentlich breitzutreten, noch nie so niedrig gewesen, seit TicToc, Instagram und WhatsApp das Schamgefühlt praktisch abgeschafft haben und jeder, egal womit, dort sein Publikum findet. Vielleicht erklärt diese Gewöhnung am Ende auch das Fehlen jedes Störgefühls, wenn Kinder für sich das Recht in Anspruch nehmen, auch die geheimen Winkel in der Privatsphäre ihrer Eltern auszuleuchten, der, anders als in der digitalen Welt, eine Passwortsicherung fehlt. Vielleicht muss man aber auch gar nicht so tief in den Kulturpessimismus greifen, um fündig zu werden, denn wer seiner Neugierde nachgibt, muss sich vorher darüber klar sein, dass sie in eine tiefe Verunsicherung führen und alle Gewissheiten beenden kann.

Scherben

Wir standen erst mal vor einem Scherbenhaufen. Trennung und Bekanntgabe unserer Beziehung waren überstürzt geschehen, unsere Familien waren vor den Kopf gestoßen, innerhalb von Sekunden waren Gewissheiten, Gewohnheiten und Illusionen implodiert. Sie hatten das Loch wohl gesehen, in das sie fallen würden. Dass sich zwischen Inga und mir etwas entwickelte, ahnten sie größtenteils. Aber sie hatten es verdrängt, verneint, ausgeschlossen, weil nicht sein konnte, was nicht sein durfte. Sie hatten es gespürt, geahnt, befürchtet, aber nicht wahrhaben wollen. Das Naheliegende war abwegig.

Wir überlegen bis heute, was wir hätten tun sollen, um nicht so viel auf einmal durcheinander zu bringen. Natürlich wären rückblickend andere Entscheidungen möglich gewesen, hinterher ist man immer klüger. Aber jeder spätere Zeitpunkt, uns zu offenbaren, hätte die Sache nicht besser gemacht. Wie viel Zeit ist genug, um für eine Wahrheit reif zu sein? Wann ist der Trauerprozess so weit fortgeschritten, dass er Akzeptanz schafft für eine neue Beziehung? Müssen die Trauerschritte bei allen synchron verlaufen? Keinen Satz haben wir in den letzten Monaten so oft gehört wie den von der Zeit, die man ihnen geben muss. Sie bräuchten nicht weniger davon, wenn wir es ihnen später gesagt hätten. Wie auch immer – wir wissen nicht, was passiert wäre, wenn wir es anders gemacht hätten, und wir wissen vor allem nicht, ob es dann richtig oder besser gewesen wäre. Das Denken im Konjunktiv bringt keinen Schritt weiter.

Die Sache mit der Lüge

Immerhin waren die Verhältnisse jetzt geklärt. Wir mussten uns nicht mehr verstecken, nichts vortäuschen, keine Geschichten mehr erfinden. Gerade letzteres, zugespitzt auf den Vorwurf der Lüge, wird uns als Sündenfall von beiden Seiten bis heute angelastet.

Ja, wir hatten gelogen, ein einziges Mal hatten wir ihnen nicht die Wahrheit gesagt – um sie und uns zu schützen. Wir hatten uns in einem Dilemma befunden und mit einer Entscheidung daraus befreit, die nur verkehrt sein konnte. Das sollte uns dauerhaft diskreditieren, unsere Integrität zerstören und von der jahrzehntelangen Geschichte mit unseren Kindern abschneiden.

Wir hatten gelogen, bekamen jetzt aber einem moralischen Zeigefinger gezeigt, den wir selbst nie gegen sie erhoben hatten. Wie oft wurden sie von uns in der Schule als krank entschuldigt, obwohl sie nicht krank waren? Wie oft hatten wir sie vor Schlimmerem bewahrt, obwohl die Methoden nicht astrein waren? Wie oft hatten wir eigene Zweifel und Ängste vor ihnen verborgen, um ihre Gewissheit zu schützen? Das war alles vergessen und wir standen als Lügner da. Mit einer einzigen Entscheidung hatten wir uns in ihren Augen als Eltern disqualifiziert. Natürlich stand sofort der Verdacht im Raum, dass wir schon zu Annes Lebzeiten ein Verhältnis gehabt hatten. Das Wort vom „Verrat“ wurde ausgesprochen und der Vorwurf geäußert, ich sei mit meiner Trauer schon fertig. Nichts davon stimmte, aber sie fühlten sich als Opfer und drückten das auch so aus.

„Verrat“ und „Opfer“ sind Denkmuster, die vor allem entlasten. Sie machen jede Selbstreflexion überflüssig und erregen Mitleid, die Rolle des Opfers ist überdies bequem.

Zwischen uns und unseren Kindern entstanden Wochen des Schweigens. Ingas Versuche, Kontakte zu ihnen zu knüpfen, scheiterten, ich selbst versuchte es erst gar nicht.

Zum ganzen Bild gehört aber auch, dass die Offenlegung unserer Beziehung neue Möglichkeiten schuf. Wir mussten nichts mehr verheimlichen und nichts erfinden, und das entlastete uns. Natürlich hatte unser Glück einen Makel. Wir hatten andere verletzt, und das arbeitete in uns. Trotzdem fühlten wir uns auch befreit.

Inga war nach ihrem Auszug vorübergehend bei mir untergekommen. Sie hatte bereits eine Wohnung in Aussicht, aber bis dahin musste noch vieles vorbereitet und organisiert werden. In der Zwischenzeit schufen wir uns ein Leben zu zweit, und das ergab sich erstaunlich leicht und wie von selbst.

Detektivspiele

Meinem Umfeld war inzwischen aufgefallen, dass sich in mir etwas verändert hatte, und so stellte sich uns beiden die Frage, wem wir uns öffnen wollten. Wir hatten schon kurz vor dem „offiziellen Termin" wenige Menschen ins Vertrauen gezogen, dass aber mein Freundeskreis für meinen Schritt haftbar gemacht wurde, hatte bis dahin außerhalb meiner Vorstellungskraft gelegen: Fast zeitgleich erhielt ich von mehreren meiner engsten Freunde den Hinweis, dass meine Kinder bei ihnen über mich nachgeforscht hatten. Auch aus Annes Familie kamen mir solchen Nachforschungen bei meinen Freunden zu Ohren. Seit wann wussten sie davon, was wussten sie und was hielten sie davon ...? Sogar in meiner Nachbarschaft wurde recherchiert.

Was für die latente Übergriffigkeit in engen Familienstrukturen gilt, ist auf diese Detektivspiele übertragbar. Auch hier hilft ein Vergleich: Uns wäre niemals eingefallen, Konflikte mit unseren Kindern dadurch zu lösen, dass wir heimlich ihre Freunde involvierten. Das waren Tabus. Wenn jedoch die Grenze zwischen „Ich" und „Wir" nicht deutlich markiert worden ist, werden Offenheit und flache Hierarchie zum Freibrief, sich in alles einzumischen. Unsere Kinder waren mit unseren Freundschaften aufgewachsen. Dass sie sie jetzt als Informationsquelle instrumentalisierten, brachte eine neue Dynamik in die Sache.

In einer Ehe sind die meisten Freundschaften an einen der beiden Partner geknüpft, gemeinsame Freunde sind die Ausnahme. Das bestätigt sich spätestens in einer Krise, wenn sich die Spreu vom Weizen trennt. Tod oder Trennung gehen oft mit der Auflösung gemeinsamer Freundschaften einher, weil das Bindeglied fehlt. Es gibt Ausnahmen, aber die bestätigen die Regel. Die Freundinnen, die zu Annes engstem und ältestem Kreis zählten, äußerten, mit wenigen Ausnahmen, Verständnis für mich - und für meine Kinder. Sie rieten mir, ihnen Zeit zu geben, und ich hoffte, sie würden Recht behalten.

Inzwischen weiß ich, dass zwei Ratschläge, die wir immer wieder zu hören bekamen, ins Reich der Plattitüden gehören: Dass man 1. ihnen Zeit geben muss und 2. immer am Ball bleiben soll. Zeit alleine hilft nicht, wenn kein Prozess stattfindet, der zu einer Veränderung führt. Am Ball sind wir geblieben durch immer neue Signale an unsere Kinder. Jeder dieser Bälle landete im Aus.

Neue Normalität

Zwei Wochen nach ihrem Zwischenaufenthalt bei mir bezog Inga ihre neue Wohnung. Dort war es in der ersten Zeit recht spartanisch. Bis Küche und Sofa geliefert wurden, sollten Monate vergehen, in der Zwischenzeit genossen wir den Reiz des Provisorischen und des Improvisierens. Wir trafen uns abwechselnd bei ihr oder bei mir und schufen uns einen Rhythmus aus gemeinsamer und getrennt verbrachter Zeit.

Trotzdem wurmte uns der Kontaktabbruch mit unseren Kindern, und nachdem ich von ihren Nachforschungen in meinem Umfeld erfahren hatte, wuchsen in mir der Ärger und das Bedürfnis, ihnen all das zu schreiben, was in mir arbeitete.

Der Brief brauchte Wochen, bis er fertig war und wurde, wie sich bald zeigen sollte, zum zweiten Sündenfall. Ja, er war zu scharf und enthielt viele Vorwürfe. Aber sie waren auch nicht zimperlich gewesen, und was das heißen sollte, zeigten ihre Antworten, die nicht lange auf sich warten ließen. Dass sie hart mit mir ins Gericht gingen, ist noch gemäßigt formuliert. Sie waren ein Rundumschlag gegen mein jahrzehntelanges

Vatersein und gipfelten darin, dass mir die Eignung für meinen Beruf abgesprochen wurde.

Nicht ganz unerwartet aber trotzdem empörend war die Tatsache, dass meine Briefe weitergegeben wurden. Ingas und meine Kinder standen ja weiterhin in Kontakt, und alles, was ihrer Wut neues Futter gab, wurde ausgetauscht. So landete das Intimste, was ich meinen Kindern jemals anvertraut hatte, auf dem Tisch des verlassenen Ehemanns. Es sollte nicht das letzte Mal gewesen sein.

Obwohl wir beide einen Bruch hinter uns hatten und von unseren Kindern geächtet wurden, war Inga in einer anderen Situation. Als diejenige, die gegangen war, galt sie als Ehebrecherin, die ihre Familie zerstört hatte. Aber die räumliche Nähe zu ihrer Familie und der Wunsch, nicht noch mehr zu zerschlagen, erforderte größere Vorsicht und Zurückhaltung. Ihr fehlte der Kontakt zu ihren Kindern und ihrem Hund, außerdem wollte sie keinen Rosenkrieg, sondern eine einvernehmliche Trennung. Deshalb versuchte sie alles zu vermeiden, was neue Vorwürfe generieren konnte und agierte defensiv. In ihrem ehemaligen Wohnhaus befand sich noch ihr persönlicher Besitz und musste sukzessiv geholt werden – auch dafür brauchte sie ein Klima, das den Zutritt zum Haus und sachliche Gespräche möglich machte.

Das gelang ihr auch, zumindest vorübergehend. Zwei Kinder wandten sich komplett von ihr ab, ein Kind ließ sich zumindest auf Spaziergänge mit dem Hund ein. Daraus entwickelte, zumindest für einige Wochen, ein „jour fixe“, der sie ermutigte.

Im Regen

Der Briefwechsel zwischen meinen Kindern und mir hatte währenddessen auf beiden Seiten zu einer Ermüdung geführt. Was zwischen den Zeilen stand, wurde nicht gelesen, was so gemeint war, wurde anders verstanden, die Spirale des Missverstehens drehte sich und erreicht einen Punkt, an dem jedes weitere geschriebene Wort nur noch mehr Öl ins Feuer gekippt hätte. Wer sich mit Textarbeit und Hermeneutik auskennt weiß, wie schwierig Verstehensprozesse sind und welche Hürden man dabei überwinden muss. Aber es bewahrt nicht davor, genau daran zu scheitern.

Schließlich kam von meinem jüngsten Sohn der Vorschlag, sich bei mir zu treffen und über alles zu sprechen.

Ich war froh über diese Initiative und überlegte mir, wie das Treffen gestalten werden könnte. Ein Abgleiten in Vorwürfe und lautstarke Wortwechsel wollte ich vermeiden, unser Haus mit all seinen Erinnerungen war dafür also der schlechteste Platz. Inga hatte sich kurz zuvor zu einem ersten Dreiergespräch mit ihren Kindern in einem Restaurant getroffen und mit der Kombination aus neutralem Ort und Öffentlichkeit gute Erfahrungen gemacht.

Das erschien mir nachahmenswert, wurde aber von meinen Kindern abgelehnt. Sie wollten die vertraute Umgebung um sich spüren und bestanden auf einem Treffen im Haus. Schließlich ließen sie sich auf den Kompromiss ein, das Gespräch während eines Spaziergangs zu führen und anschließend im Haus etwas zu essen.

Diesen Plan warf ich, kurz vor ihrer Ankunft, spontan um, nachdem Inga mit dem Spazierengehen schlechte Erfahrungen gemacht hatte. Es hatte sich als ungeeignet herausgestellt, weil sich nicht alle ansehen können - ein praktischer Nachteil, wenn vier Leute, die neben- oder hintereinander gehen, keinen Blickkontakt halten können.

Kurz entschlossen stellte ich vier Stühle in den Garten. Damit waren wir immer noch draußen, und ich hoffte, die Freiluftsituation würde den emotionalen Druck verringern. Für den Fall der Fälle hatte ich außerdem eine Tomatensauce gekocht, um mit einem einfachen Nudelgericht etwas zu Essen anbieten zu können, wenn die Situation es hergab. Pasta ist Seelenfutter, darin waren wir uns immer einig gewesen.

Die Ankunft der Kinder war beklemmend, es gab weder Körper- noch Blickkontakt - ein furchtbarer Moment, wenn man weiß, welche Rolle die physische Nähe zwischen uns immer gespielt hatte. Wir setzten uns in den Garten und ich eröffnete das Gespräch so, wie ich es mir auf einem Spickzettel notiert hatte: 1. Wer redet, darf ausreden. 2. Vorwürfe werden nicht wiederholt. 3. Ich mache den Anfang.

Dann begann ich zu reden, sprach von den Fehlern, die ich mit meinem Brief gemacht hatte, vom Dilemma, in dem ich gesteckt hatte, von der Zwangsläufigkeit, mit der Entscheidungen nur falsch sein können. Dann sprach mein jüngster Sohn und beklagte die Entfremdung zwischen ihnen und mir, die schon vor Weihnachten spürbar gewesen sei. Meine Tochter bekräftigte diese Wahrnehmung unter Tränen, mein ältester Sohn erklärte, seine Gefühle für mich seien erloschen.

Ich hörte mir alles an, verteidigte mich nicht und fragte, als wir anfingen, uns im Kreis zu drehen, wie es weitergehen sollte.

Nachdem ich diese Frage ausgesprochen hatte, setzte Regen ein und zwang uns, ins Haus zu gehen. Der Ortswechsel sorgte für eine unerwartete Entspannung der Atmosphäre, weil jetzt erst mal Pragmatismus gefragt war. Ich schlug vor, etwas zu essen, der Vorschlag wurde angenommen und schuf sofort etwas Vertrautes, weil das Essensritual ein Gefühl von Heimat erzeugte und jedem einen Platz zuwies, die Handgriffe waren jahrzehntelang eingespielt. Nudeln mit Tomatensauce stellte eine Vertrautheit her, die während des Essens und auch noch danach ein Abgleiten in den Smalltalk möglich machten.

Dieser Moment war wohltuend, auch wenn er nur kurz anhielt und meine Kinder bald wieder aufbrachen. Der Abschied war dann nicht mehr so steif und unpersönlich und ließ mich in der Hoffnung zurück, dass der erste Schritt eines Neuanfangs gemacht war.

Nach dem Gespräch war ich zuversichtlich. Alle hatten sich im Griff gehabt, lautstarke Wortgefechte waren ausgeblieben, der Ton war hart, aber sachlich. Daran ließ sich anknüpfen, und weil Inga mit ihren Kindern einen ähnlichen Fortschritt erzielt hatte, waren wir zuversichtlich, dass der Kreislauf aus Vorwürfen und Verletzungen durchbrochen war. Der Riss würde sichtbar bleiben und eine Rückkehr zum Eltern-Kind-Verhältnis der Vergangenheit war undenkbar. Aber wir würden einen Modus Vivendi finden. Das war unsere Hoffnung.

In den Wochen danach rief ich wöchentlich bei meinen Kindern an, fragte nach ihrem Alltag und wollte ihnen damit zeigen, dass sie mir unverändert wichtig waren. Die Anrufe gingen immer von mir aus, die Gespräche waren oberflächlich und glichen einem Frage-Antwort-Spiel. Gefühle wurden zurückgehalten, aus unserer Kommunikation war jede Natürlichkeit gewichen. Wenigstens konnten wir miteinander sprechen, ohne dass Vorwürfe erhoben wurden.

Inga erging es ähnlich. Die Mitteilsamkeit ihrer Kinder hielt sich in Grenzen, immerhin schien sich der „jour fixe“ als vertrauensbildende Maßnahme zu bewähren. Dabei ergaben sich auch Gesprächen zwischen ihr und ihrem Mann, der zu diesem Zeitpunkt eingesehen hatte, dass die Trennung unumkehrbar war. Seine Wut auf mich war groß, er sah in mir die einzige Störquelle in der Beziehung zwischen ihm und Inga und warf mir vor, mich in die Ehe hineingedrängt zu haben. Damit war ich der Sündenbock. Dass Inga schon lange unglücklich und bereit für den Absprung war, wollte er nicht gelten lassen. Für ihn stand die Ehe über der Liebe und dem Glück. Wer verheiratet ist, bleibt zusammen, auch wenn von dem, was die Ehe einmal begründet hatte, bei Inga nichts mehr übrig war. „Das macht man nicht“, lautete sein Credo.

Immerhin war ihm klargeworden, dass an einer Scheidung kein Weg vorbeiführte. Die sollte, auch nach seinem Willen, so zügig und geräuschlos wie möglich vollzogen werden.

Die Sache mit der Offenheit

In den Gesprächen mit unseren Kindern war die heikle Frage immer, ob und wie wir unsere Beziehung dabei umschiffen sollten. Ingas Kinder hatten ihr deutlich signalisiert, dass sie davon nichts hören wollten. Das Thema sollte verschwiegen werden, obwohl sie um dessen zentrale Bedeutung wussten. „Wir wollen davon nichts hören, es ist uns egal!“, war die klare Botschaft. Sie waren verletzt, und dieser simple Verdrängungsmechanismus diente ihrem Selbstschutz. Sie blendeten aus, was sie wussten oder ahnten, und Inga respektierte diesen Wunsch.

In den Gesprächen mit meinen Kindern stand ich vor dem gleichen Problem. Spätestens bei der Frage nach meinem Alltag musste ich entscheiden, wie viel ich preisgeben sollte. Ihre Fragen waren immer offen formuliert und zielten an der Beziehung zwischen Inga und mir vorbei. Trotzdem nahm ich sie zum Anlass, auch von uns zu erzählen. Ich erwähnte unsere Unternehmungen und Reisepläne, sprach dabei von „Wir“, ließ ihren Namen aber aus dem Spiel. Es nützt ja nichts, das auszulassen, was sie ahnen und umtreibt, dachte ich mir. Mein Leben besteht nun mal nicht nur aus meiner Arbeit, und wenn ich ihnen das verschweige, was mir Halt und Kraft gibt, mache ich ihnen etwas vor.

Inga agierte eher defensiv, um neuen Vorwürfen keinen Raum zu geben. Ich war bereit, mehr von uns zu erzählen, weil ich mir sagte, dass sie immer einen Grund für Vorwürfe finden, egal was wir ihnen erzählen oder verschweigen. Wir sprachen jeden Schritt vorher ab, das hatten wir inzwischen verinnerlicht, ließen uns aber auch gegenseitig die Freiheit, im Einzelfall anders zu entscheiden.

Der richtige Weg ist hier schwer zu finden. Natürlich gibt es ein Recht auf Nichtwissen, aber ich hielt es für richtig, erwachsene Menschen mit dem zu konfrontieren, was sie ohnehin ahnten. Es war ja nicht die Büchse der Pandora, die sie damit öffneten.

Vielleicht war sie es doch, denn die Atmosphäre zwischen uns verschlechterte sich. Die Anrufe wurden einsilbig, und meine Nachfrage, ob sie überhaupt noch erwünscht waren, endete mit einer Abfuhr. Der Modus Vivendi war letztlich nur eine Illusion, die durch Verschweigen und Verdrängen aufrechterhalten worden war.

Ab in den Süden

Inga und ich waren von Anfang an unternehmungs- und reiselustig. Seitdem unsere Beziehung bekannt geworden war, verging kaum ein Wochenende, an dem wir uns nicht neue Ziele suchten und dabei auch uns selbst entdeckten. Ohne dass wir es bewusst steuerten, wurde Frankfurt nach und nach zu „unserer" Stadt, in die es uns in den folgenden Monaten immer wieder hinzog. Aber auch unsere heimatliche Umgebung entdeckten wir neu oder zum ersten Mal – was wir vorher schon gekannt hatten, wurde durch uns zu einer neuen Erfahrung. Oft brachen wir auf ohne Plan, ließen uns treiben und genossen unsere Spontaneität. Wir machten einen Kurzurlaub in Köln, sahen Udo Lindenberg in Frankfurt, die Rolling Stones im London Hyde Park und Rod Steward in Glasgow. Wir reisten nach Israel und badeten im Toten Meer, waren aber mit einer Fahrradtour in unserer Umgebung genauso zufrieden.

Unser erster mehrwöchiger Urlaub führte uns nach Italien, zuerst nach Venedig, dann nach Salerno und an die Amalfiküste. Noch nie waren wir so lange an einem Stück unterwegs gewesen, noch nie waren wir eine so lange Strecke und so weit in den Süden gefahren. Wir waren beide glücklich zu erleben, dass das, was uns verband, sich in jeder neuen Situation bestätigte: Wir ließen uns gegenseitig „machen“, verließen uns aufeinander, redeten uns nicht gegenseitig rein. Egal, ob wir im falschen Zug saßen und im Nirgendwo landeten oder chaotische Busfahrpläne uns viel Zeit an Haltestellen abverlangten – wir konnten aus jeder Situation immer das Beste machen. In Venedig badeten wir stundenlang unsere Füße im Kanal und schauten den Gondeln nach, verbrachten einen Vormittag auf der Friedhofsinsel und dachten uns Geschichten aus zu Menschen, von denen wir nur die Lebensdaten wussten. Wir bewegten uns abseits der Besucherströme und erlebten ein Venedig, das man, wie Goethe schreibt, nur mit sich selbst vergleichen kann. In Salerno tauchten wir ein in die lärmende Lebhaftigkeit Süditaliens, genossen unsere Villa mit Zitrusbäumen und Meerblick und waren auch hier völlig mit uns selbst zufrieden. Die Querelen mit unseren Kindern ließen uns auch hier nicht los und blieben der Wermutstropfen in unsrem Glück. Wie gerne hätten wir sie teilhaben lassen an dem, was wir sahen und erlebten, während sie nicht einmal wussten, dass wir überhaupt dort waren.

Saat und Ernte

Die Frage, warum erwachsene Kinder ihren Eltern eine Entscheidung verübeln, die ihr Leben nicht unmittelbar tangiert, treibt uns seit dem Beginn des Zerwürfnisses am meisten um. Wir hatten unser Leben jahrzehntelang an ihrem Wohl ausgerichtet, sie in den Mittelpunkt gestellt, unsere Bedürfnisse ihren Bedürfnissen untergeordnet, sie begleitet, ermutigt, getröstet. „Work-life-balance“ war ein Fremdwort für uns, den Begriff gab es noch nicht und der Gedanke daran war abwegig. Wir waren bestrebt, alles richtig zu machen, die Fehler unserer eigenen Eltern zu vermeiden und in allem besser zu sein als wir es selbst erfahren hatten. Wir hatten sie durch die Schule gebracht, durch das Studium begleitet und ihre ersten Schritte in die berufliche Selbstständigkeit beobachtet. Wir hatten uns für sie gefreut, mit ihnen gelitten, ihnen viel verziehen. Wir waren immer noch für sie da, als sie schon längst ihre eigenen Wege gingen, saßen zwar nicht mehr im selben Boot, sahen sie aber in Sichtweite ihr eigenes Boot steuern. Wir waren ihr Hafen, wenn sie uns brauchten, aber wir hatten sie schlecht darauf vorbereitet, bei unruhiger See ihren Kurs zu behalten.

Ja, wir hatten sie enttäuscht, das werfen sie uns bis heute vor. Aber was heißt „enttäuscht“? Enttäuschung ist auch zu verstehen als Reaktion auf eine radikale Veränderung, auf den Verlust von Stetigkeit und Zerstörung eines vertrauten Bildes. Unser Elternsein war jahrzehntelang geprägt von Kontinuität, sie konnten sich darauf verlassen, dass wir in unseren Rollen immer stetig waren. In allen Krisen und Veränderungen hatten wir uns als Eltern bewährt und dafür gesorgt, dass der Rahmen, der sie umgab, stabil geblieben war. Nie hatten wir ihnen unsere Zuwendung entzogen, wenn sie uns verärgert oder enttäuscht hatten. Vor allem hatten wir uns nie in ihre Freund- und Partnerschaften eingemischt. Ja, wir hatten gelogen, aber bei allem Verständnis für ihre Trauer und Verletztheit empfanden wir ihre Empörung in dieser Vehemenz auch als Ausdruck der Distanzlosigkeit und des mangelnden Respekts vor ihren Eltern.

Es tut unendlich weh festzustellen, dass alles, was wir an Geborgenheit und Fürsorge jahrzehntelang mühsam und geduldig aufgebaut hatten, in sich zusammengefallen war und dieser ersten großen Belastungsprobe nicht standgehalten hatte. Dass Elternsein ein Guthaben aus Dankbarkeit schafft, gehört zu den Illusionen, von denen wir uns verabschieden mussten. Man kann noch so viel richtig gemacht haben, verhindert damit aber nicht, dass *eine* große Krise sie alles vergessen lässt. Vielleicht war auch nur der Zeitpunkt zu früh und ihnen fehlte die Lebenserfahrung, um das so zu sehen. Oder der Gedanke, dass Elternsein sich irgendwann auszahlt, ist in sich grundverkehrt. Wir waren gegenüber unseren Kindern nie berechnend. Warum sollten wir jetzt erwarten, dass sie uns etwas zurückgaben?

Wir hatten wir ihnen durch maximale Fürsorge zu wenig Raum gegeben, ihren eigenen Rahmen zu erschaffen. Dieser Fehler wiegt viel schwerer als neuerlich einem Gefühl nachzugeben, das vor Jahrzehnten immerhin dazu geführt hatte, ihnen das Leben zu schenken.

Allein zu Hause

Das Haus, das wir 2002 gekauft und ein Jahr später bezogen hatten, war mit drei Stockwerken ein Gebäude von stattlichen Dimensionen. 1909 gebaut, hatte es typische Stilelemente dieser Zeit, war komplett ausgelegt mit Dielen aus Pitch Pine, besaß im Flur einen Fußboden aus alten, dunkelroten Fließen und hatte eine durchgehende Holztreppe mit geschwungenem Geländer. Es war selbst für eine Familie mit überdurchschnittlicher Körpergröße noch großzügig bemessen und bot verschwenderisch viel Platz – und leider auch jede Menge Stauraum.

Nach dem Abitur unseres ältesten Kindes fing es an, sich zu leeren, und nachdem unser drittes Kind die Schule abgeschlossen hatte, waren Anne und ich alleine. Die Kinder besuchten uns zwar regelmäßig, aber die Zeit als Familie im Haus war endgültig vorbei. Dieser Übergang war fließend, und die Zeit des Alleinseins konnten wir bis zu unserem letzten gemeinsamen Tag genießen. In dieser Zeit entstand der Plan, das Haus zu verkaufen, wenn wir beide im Ruhestand waren. Es war für uns beide zu groß und machte zu viel Arbeit. Wir wollten in den Norden ziehen und hatten mit der Eigentumswohnung in Münster schon einen Fuß in der Tür. Da war die Welt noch in Ordnung …

Mit Annes Tod war alles Leben aus dem Haus gewichen, und es ist nie mehr zurückgekommen. Alleinsein ist wohltuend, wenn man sich dafür entscheiden und seine Dauer selbst bestimmen kann. Es wird zur Qual, wenn man alleine sein *muss*, wenn kein Geräusch die Stille durchdringt, wenn man nach draußen flüchtet, weil sich das leere Haus wie ein Gefängnis anfühlt.

Ich hatte das Zimmer, in dem Anne gestorben war, komplett ausgeräumt und umgestaltet und versucht, durch Veränderung etwas Neues zu schaffen, das mich in diesem Haus weiterleben ließ. Alles andere beließ ich, wie es war, weil es einfach auch zu viel gewesen wäre und weil es an meiner Verlorenheit nichts geändert hätte. Meine Kinder hatten sich von mir losgesagt, erwarteten aber, dass ich am Haus festhielt und die Erinnerung konservierte. Ich wollte aber kein Museumswärter sein, der die Nostalgie abstaubt und für gelegentliche Ausflüge in die Vergangenheit lebendig hält. Es war nicht mehr Heimat, sondern nur noch Relikt, von dem ich mich trennen musste.

Meine Entscheidung, das Haus zu verlassen, brauchte viel Zeit und zog sich den ganzen Sommer hin. Dabei ging es nicht nur um den Abschied vom Haus, sondern auch von meinem bisherigen Lebensentwurf. Für Inga und mich war klar, dass wir zusammenziehen wollten, aber wir rangen mit uns selbst und miteinander um den richtigen Zeitpunkt für diesen Schritt. Am Ende stand der Entschluss, dass ich zum Jahresanfang 2023 zu Inga ziehen und das Haus vorerst nicht verkaufen, sondern an Freunde vermieten wollte. Diese Entscheidung markierte gleichzeitig die Konsequenz einer Veränderung, mit der wir in wir unseren Familien seit Jahresbeginn viel zugemutet hatten.

Zur Wahrheit gehört aber auch, dass sich zu diesem Zeitpunkt die Entfremdung zwischen uns und unseren Familien maximal verfestigt hatte. Sie hatten sich und uns eine Kontaktsperre auferlegt und damit unser Leben von sich ferngehalten. Sie hatten wohl gehofft, dass unsere Beziehung dem Stress nicht standhielt und waren am Ende überrascht, dass das Gegenteil eingetreten war. Ihr Irrtum war zu glauben, dass unsere Beziehung eine Episode blieb, wenn sie den Kopf in den Sand steckten. Unsere Entscheidung zusammenzuziehen bedeutete jetzt, den Bruch zu vertiefen. Meinen Kindern war der Zugang zum Elternhaus endgültig verwehrt, für Ingas Kinder gab es keinen Ort, an dem sie ihre Mutter besuchen konnten, ohne auf Spuren ihrer neuen Partnerschaft zu stoßen.

Wir wussten beide, dass diese Entscheidung ähnlich skandalträchtig werden konnte wie die Bekanntgabe unserer Beziehung neun Monate vorher und rechneten mit einer Empörungswelle, die sich zwischen unseren Familien aufbauen und dann auf uns zurollen würde. Andererseits war der erste und größere Schritt ja schon getan und wir waren inzwischen sturmerprobt. Was auch immer an Wut und Ablehnung über uns hereinbrechen konnte, würde sich in dem Rahmen bewegen, der schon gesetzt war. Wir waren die Parias unserer Familien, ausgestoßen und verachtet. Schlimmer konnte es nicht mehr werden. Inga setzte ihren Mann telefonisch von unserer Entscheidung in Kenntnis, ich schreib meinen Kindern einen Brief. Darin bot ich ihnen im Advent und über Weihnachten einen Zeitraum an, um letztmalig ins Haus zu kommen und alles mitzunehmen, woran ihr Herz hing. Gleichzeitig benannte ich darin die Möbel und Einrichtungsteile, die ich mitnehmen wollte.

Ihre Antwort erfolgte unverzüglich und übertraf alle Befürchtungen. Mein ältester Sohn kündigte seinen Besuch im Haus schon für das nächste Wochenende an und nannte wenige Sachen, die er bei dieser Gelegenheit mitnehmen wollte - selbstverständlich in meiner Abwesenheit. Später fand ich auf dem Esszimmertisch ein als „Bestandsliste“ tituliertes Schriftstück, auf dem meine beiden Söhne das Inventar zimmerweise akribisch notiert hatten. Die Liste endete mit der Frage, was ich davon für mich beanspruchen wollte.

Damit stand fest, dass sie das Haus ausräumen wollten, während es mir, zumindest zeitweise, noch als Wohnung diente. Sie ignorierten die testamentarisch eindeutig zu meinen Gunsten festgelegten Eigentumsverhältnisse („Berliner Testament“) und zeigten in ihrem Vorgehen eine Radikalität, die weder Annes noch meinen Geist erkennen ließ. Es fühlte sich an wie eine Beschlagnahmung. Für mich war der Tiefpunkt erreicht.

Mein Angebot mitzunehmen, woran ihr Herz hing, erweiterten sie für sich auf das komplette Hausinventar mit Ausnahme der Möbel und Bilder, die ich für mich beansprucht hatte. Die Möbel ihrer Kinderzimmer wollten sie verkaufen und den Inhalt aller Kommoden und Schränke mitnehmen, weil sie alles darin an Anne erinnerte. Abgesehen davon, dass mir das wie eine Reliquienverehrung vorkam, hätte die Mitnahme in diesem Umfang bedeutet, das Haus unbewohnbar zu hinterlassen. Deshalb intervenierte ich und setzte mit Ende Januar/Anfang Februar 2023 einen neuen Zeitraum fest, in dem sie nach meinem Auszug das Haus leeren konnten.

Das führte zu epischen Erklärungen, weshalb das aus Termingründen nicht möglich sei, und am Ende fehlte mir einfach die Kraft, diese Auseinandersetzung zu meinen Gunsten zu beenden. Ja, ich hätte mich durchgesetzt, aber das Ergebnis wäre gewesen, die Tür, die schon zugeschlagen war, jetzt auch noch zu vermauern. Ich wollte nicht um ein paar Teller, Töpfe und Besteck mit ihnen feilschen und verlegte meinen Auszug kurzentschlossen vor. Es fühlte sich an wie eine Vertreibung.
Ihr Vorhaben, das Inventar zu verkaufen, wurde mit aller Konsequenz umgesetzt. Bedenken, dass sie sich an meinem Eigentum bereicherten, waren schnell beiseite geschoben. Auch hier fehlte mir die Kraft für einen Konflikt, den ich, zu einem hohen Preis, zu meinen Gunsten entschieden hätte. Also stellte ich ihnen Bilder des kompletten Inventars zur Verfügung und fand sie kurze Zeit später auf Ebay-Kleinanzeigen wieder. Sicher, sie ersparten mir dadurch die Arbeit mit der Entsorgung bzw. Weiterverwendung, aber in ihrer Art und Weise, sich über mich hinwegzusetzen, waren sie mir einmal mehr vollkommen fremd. Sie machten mein Eigentum zu Geld und zeigten sich empört, als ich das in Frage stellte.

Unter normalen Umständen wäre das alles kein Problem gewesen, aber die Umstände waren nicht normal. Ich hatte nicht bedacht, dass sie mein Angebot, alles mitzunehmen, was sich nach meinem Auszug noch im Haus befand, derart radikal umsetzen und „Bares für Rares“ in meinem Haus veranstalten würden. Als die selbstgemalten Bilder meines Vaters auf Ebay auftauchten, wollte ich schon meinen Augen nicht trauen. Als dann noch mein antiker Vitrinenschrank dort erschien, griff ich durch und forderte sie, unter Androhung des Hausverbots, ultimativ zur Unterlassung auf. Das war der Tiefpunkt.

Alle Jahre wieder, 2.Akt

Inzwischen hatten Inga und ihr Mann die Trennung auch juristisch in die Wege geleitet, beide wollten den Vollzug der Scheidung schnell und einvernehmlich. Inga verzichtete auf einen erheblichen Teil der Abfindung, die ihr durch den Zugewinn zugestanden hätte, beide verzichteten umfangreich auf alle gegenseitigen Ansprüche und Verpflichtungen, alles wurde in einem notariellen Scheidungsvertrag festgehalten. Ein Rosenkrieg war damit vermieden und eine gemeinsame Anwältin wurde damit beauftragt, die Scheidung gerichtlich einzuleiten.

Die dunkle Jahreszeit verstärkte in diesen Wochen unsere Melancholie, zumal der Jahrestag des Zerwürfnisses mit unseren Kindern näher rückte und die Frage, wie wir uns ihnen gegenüber an Weihnachten verhalten sollten, täglich mehr auf uns lastete. Vier Geburtstage fielen in den November/Dezember, dazu kam die Ungewissheit, wie wir es mit Weihnachten halten sollten. Die Fronten waren härter als jemals zuvor und der Wunsch, mit einer freundlichen Geste daran irgendetwas zu ändern, mehr als naiv. Konsequent wäre von ihnen gewesen, unsere Geldgeschenke zurückzuweisen, aber da siegte ihr Opportunismus. Sie trugen ihre Gesinnung wohl wie eine Monstranz vor sich her, handelten dann aber nicht zum ersten Mal nach dem Grundsatz, dass erst das Fressen kommt und dann die Moral. Trotzdem wollten und mussten wir uns selbst treu bleiben, obwohl wir uns immer häufiger fragten, wie groß unsere Duldsamkeit auf Dauer sein sollte. Ich hatte im Verlauf des Jahres jedem Kind schriftlich zum Geburtstag gratuliert und ein Geldgeschenk zukommen lassen, mein eigener Geburtstag wurde von ihnen ignoriert. Inga erging es ähnlich, ihre Geburtstagsgeschenke an ihre Kinder wurden mit einer minimalistischen Textnachricht quittiert, die Glückwünsche ihrer Kinder zum Geburtstag waren pflichtgemäß und einsilbig. Viele Gelegenheiten, ihnen die Hand auszustrecken hatten wir zu diesem Zeitpunkt nicht mehr. Wenn nicht einmal die jährlichen Feste als letzte Schnittmengen zwischen uns und ihnen mehr blieben, drohten die Arme, die wir ihnen noch entgegenstrecken konnten, irgendwann zu verkümmern.

Dass der Weihnachtsblues über uns kommen würde, war uns klar, aber er hatte uns zeitweise wirklich heftig im Griff. Es fing damit an, ihnen unsere Geschenke unbemerkt zu übermitteln, zu diesem Zeitpunkt wäre jede spontane Begegnung unpassend gewesen und hätte die Gräben noch mehr vertieft. Inga legte am Heiligabend noch in der morgendlichen Dunkelheit ihre Geschenke vor ihrem ehemaligen Wohnhaus ab und musste sich auf das Grundstück schleichen wie ein Dieb in der Nacht. Ich fuhr mit der Bahn in die Stadt, in der mein Sohn lebte, weil ich annahm, dass meine Kinder sich dort zu Weihnachten treffen würden.

So war es auch, und wir wären uns fast über den Weg gelaufen, weil sie an einem Bahnhof kurz vor dem Ziel plötzlich am Gleis standen und in meinen Zug steigen wollten. Ich stürzte fluchtartig nach draußen, weil eine Begegnung jetzt und hier kein gutes Ende genommen hätte, und wartete ein paar Züge ab, um meine Fahrt fortzusetzen. Im Ort angekommen schlich ich mich auf Umwegen, ähnlich wie Inga, zur Wohnung meines Sohnes und warf meine Umschläge mit Grußkarten und Geld in seinen Briefkasten. Eine unvermittelte Begegnung mit ihnen wäre dann die zweite an diesem Tag gewesen, und da es keine Zufälle gibt, sondern nur Wahrscheinlichkeiten, hätte meine Trefferquote ziemlich hoch gelegen. Ich war in der Stadt, sie waren in der Stadt, um ein Haar hatten wir uns kurz vorher schon einmal gegenübergestanden, da war Vorsicht geboten.

Unser erster Heiligabend zu zweit verlief dann ruhig und harmonisch. Ein Jahr zuvor war noch alles anders und die Dynamik, mit der sich seitdem alles entwickelte, lag fern von jeder Denkbarkeit. Trotzdem war unsere Nervosität groß, und die alles beherrschende Frage lautete für uns beide, wann und in welcher Form sich unsere Kinder bedanken würden. Wir wussten ja inzwischen, dass sie unsere Gaben annahmen und ihre Geber verachteten, deshalb waren wir gespannt, wann und wie ihr Dank bei uns ankommen würde.

Aber selbst in den Regeln formaler Höflichkeit hatten sie Rückschritte gemacht. Der Dank meiner Kinder fiel so schmallippig aus, wie ich es erwartet hatte. Jeweils auf zwei Zeilen begrenzt, als hätten sie sich auf eine maximale Zeichenzahl geeinigt, nur einmal wurde ich als Vater angesprochen, keine Antwort endete mit einem persönlichen Gruß. Sie wussten, dass ich es mit Worten sehr genau nahm und hatten von mir ebenfalls gelernt, es damit genau zu nehmen, deshalb las ich vor allem das, was sie nicht geschrieben hatten. Und da fehlte alles, was einen persönlichen und ernstgemeinten Dank ausmachte. Inga war noch schlimmer dran. Ihre Kinder meldeten sich überhaupt nicht. Damit war die Grenze zur seelischen Grausamkeit überschritten.

Der Unterschied zwischen beiden Reaktionsweisen war für mich geringfügig. Ein auf das Nötigste beschränkter Dank am Abend des ersten Weihnachtstages war für mich wie ein Nadelstich und hinterließ das gleiche Gefühl wie gar kein Dank. Dabei ist es unerheblich, ob unsere Grüße und Geschenke ihren Erwartungen entsprochen hatten. Wer beschenkt wird, hat keine Forderungen zu stellen, sondern muss froh sein, dass er überhaupt etwas bekommt, zumal nach allem, was vorausgegangen war, nichts zu schenken folgerichtig gewesen wäre. Dass man sich bedankt, gehörte in beiden Elternhäusern zu den Grundregeln des Anstands, und in dessen demonstrativer Missachtung steckte eine Mischung aus Boshaftigkeit und Arroganz, die auch mit Verletztheit nicht mehr zu entschuldigen war.

Wir hatten immer wieder versucht, unser Handeln auch aus ihrer Perspektive zu sehen, aber mit dem Gefühl für die eigenen Kinder geht irgendwann auch das Verständnis für ihre Reaktionen verloren, erst recht, wenn man ihr Alter zwischen 22 und 29 Jahren zum Maßstab macht. Sie hatten sich offenbar bisher kein einziges Mal gefragt, ob ihr Verhalten bei uns auf fruchtbaren Boden fiel und geglaubt, dass elterliche Geduld endlos strapazierbar war. Meine Kinder hatten mir nicht zum Geburtstag gratuliert, Ingas Kinder hatten ihr nicht für ihre Weihnachtsgeschenke gedankt, wir hatten also mal wieder „Gleichstand“ – so zynisch das auch klingt.

Wer Dickfelligkeit erwartet, muss auch mit einem Elefantengedächtnis rechnen. Als Eltern waren wir bisher unbegrenzt leidensfähig gewesen, aber diese Leidensbereitschaft war erschöpft. Sie sahen uns als Kissen, in das man beliebig oft hineinboxen kann und das jedes Mal in seine alte Form zurückkehrt. Ich wollte dieses Kissen nicht mehr sein. Längst war klar, dass der Weg der Vergebung lang und steinig werden würde und dass an seinem Ende, wenn es denn je erreichbar war, nie wieder die Vertrautheit und Nähe stehen konnte, von der wir einst geglaubt hatten, sie wäre unzerstörbar.

Verrechnet

Uns war klar, dass Weihnachten als emotionaler Höhepunkt des Jahres in unseren Kindern noch einmal alles verstärken würde, was ohnehin in ihnen rumorte. Dazu kam der Wechsel zum neuen Jahr, in dessen ersten Monaten sich das Bekanntwerden unserer Beziehung und der Beginn des Zerwürfnisses in beiden Familien jähren sollten. Immerhin, so war unsere Hoffnung, würden wir ihrer Wut und Vorwurfshaltung ab dann keine neue Nahrung mehr geben. Unsere Beziehung war seit langem öffentlich und hatte sich als stark erwiesen, ich hatte mein Haus verlassen und wir hatten einen gemeinsamen neuen Hausstand gegründet. Damit waren alle „Hiobsbotschaften“ verkündet und neue Zumutungen würde es aus unserer Richtung nicht geben. Ein Geburtstag kam noch zwischen Weihnachten und Neujahr. Andere Feste lagen in weiter Ferne uns stellten uns erst einmal nicht vor Entscheidungen, wie wir uns verhalten sollten. Unser gemeinsames Leben würde sich ab jetzt außerhalb ihrer Wahrnehmung abspielen und die Wogen würden sich langsam glätten.

Wir hatten uns verrechnet. Wenn wir ihnen keinen Anlass boten, machten sie den Skandal eben selbst. Am Tag nach Weihnachten wurde mir von meinen Kindern ein Bild von Annes Grab übermittelt und mit dem Kommentar versehen, das Grab sei ungepflegt und sie würden überlegen, eine professionelle Grabpflege zu beauftragen.

Ich hatte nach der „Bestandsliste" („Allein zu Hause") gedacht, dass man tiefer nicht unter die Gürtellinie schlagen kann. Dass das Grab keinen guten Eindruck machte, wusste ich selbst. Meine erste Bepflanzung war dem Frost zum Opfer gefallen, seit dem Herbst hatte sich durch die vielen Regenfälle das Erdreich gesenkt, und die umstehenden Bäume sorgten permanent für neues Laub auf dem Grab. Nein, es war wirklich nicht schön, aber so ist es mit vielen Gräbern und Gärten im Winter, und ich wollte mit der Aufschüttung und Neubepflanzung das Ende des Winters abwarten. Dass aber meine Kinder sich über meine Verantwortung und Befugnis hinwegsetzen wollten, zeigte eine Übergriffigkeit, die ich so nicht für möglich gehalten hatte. Natürlich wusste ich, dass das die Kritik am Zustand des Grabes auch ein Mittel zum Zweck für den Vorwurf war, ich hätte Anne vergessen, und natürlich wusste ich auch, aus welcher Ecke die Idee mit der Grabpflege tatsächlich kam. Aber es ging immer noch schlimmer, und ein Ende war nicht abzusehen. Die Hoffnung, dass mit dem Abschluss der Hausräumung endlich Ruhe einkehren würde, gab ich auf.

Inga erging es nicht besser. Am Tag nach Weihnachten war der Termin zur Unterschrift der notariellen Trennungsvereinbarung anberaumt, aber statt Erleichterung breitete sich eine große Traurigkeit in ihr aus. Mit ihrer Unterschrift hatte sie nicht nur finanzielle Ansprüche fallengelassen, es fühlte sich für sie an, als hätte sie 25 Jahre ihres Lebens annulliert, 25

Jahre der Liebe und Fürsorge für ihre Kinder, 25 Jahre Arbeit an Haus und Hof. Es waren aber auch 25 Jahre, in denen sie auf vieles verzichtet und, langsam aber stetig, sich selbst verloren hatte. Hinzu kam ihr Gefühl, dass die anstehende Scheidung ihre Kinder noch mehr gegen sie aufbrachte, ohne dass sie selbst ihnen einen weiteren konkreten Anlass dazu lieferte. Die rechtliche Manifestation der Trennung reichte aus, ohne dass ein wirklich neuer Sachverhalt dazukam. Die kollektive Verweigerung des Danks für ihre Weihnachtsgeschenke war hier überdeutlich, allerdings wird Danken offenbar überschätzt. Meine Kinder hatten mir zwar gedankt, aber ihre Geste war frei von jeder Wertschätzung. Da ist Schweigen fast besser als ein halbherziger Dank.

Am Tag nach dem letzten Geburtstag des alten Jahres in den Reihen ihrer Kinder und fünf Tage nach Heiligabend kam spät abends endlich der erwartete Dank – und er war vergiftet. Vorwurfsvoll in der Sache, herablassend im Ton. Der Dank der anderen für die Weihnachtsgeschenke blieb weiterhin aus. Und dieser letzte kam nur, weil zwei Geschenke kurz hintereinander einen Dank erzwangen. Die Frage, wie sie es mit dem Jahreswechsel halten sollte, war für Inga damit beantwortet. Trotzdem quälte sie die Frage, warum ihre Kinder sie weiterhin ablehnten, obwohl sie ihnen, wenigstens wissentlich, zuletzt keinen neuen Anlass mehr gegeben hatte. Die Antwort liegt auch hier in der Gemengelage des Konflikts. Unser Zusammenziehen, das Ende eines Jahres, in dem sie sich für ein anderes Leben entschieden hatte, die Geburtstage, Weihnachten, der Jahreswechsel und die anstehende Scheidung. Hinzu kamen Faktoren, die wir als Brandbeschleuniger vermuteten, vor allem der Austausch von Nachrichten zwischen ihren und meinen Kindern, zuletzt im Rahmen der Querelen im Zusammenhang mit meinem Haus. Sicher, dessen Räumung hatte unmittelbar nichts mit Ingas Kindern zu tun. Aber sie hätten die Freiheit gehabt, das zu ignorieren und meinen Kindern zu signalisieren, dass sie davon nichts wissen wollten. Auch hier gilt: Es gibt ein Recht auf Nichtwissen, und davon kann man Gebrauch machen. Wer darauf verzichtet, ist selbst für die Folgen verantwortlich. Hinzu kam, dass es, außer dem Gefangensein in der eigenen Wut, eine Anfeuerung durch Dritte gab, die stärker war als die mäßigenden Stimmen, die es zumindest in Ingas Familie gab. Das war bei mir anders, um meine Kinder herum gab es keine moderaten Töne. Sie ahlten sich in ihrer Verletztheit, und wer sich solche Probleme leistet, hat offenbar sonst keine anderen. Erwachsene Menschen sind auch für ihre Gefühle verantwortlich.

Die Räumung des Hauses hatte zuletzt eine Eskalation erzeugt, deren zornige Wortwechsel für mich nicht das Letzte sein sollten, das am Ende dieses für alle schwierigen Jahres übrigblieb. Ich wollte einen versöhnlichen Abschluss, auch wenn ich allen Grund gehabt hätte, mich in meine Verbitterung zurückzuziehen. Ein Signal der Mäßigung musste offenbar von mir kommen, deshalb verfasste ich an meine Kinder spontan jeweils einen gleichlautenden handschriftlichen Brief, in dem ich ihnen versicherte, dass meine momentane Wut und Trauer über ihre Vorgehensweise niemals über meiner Vaterliebe stehen würde und dass ich das neue Jahr mit Hoffnung beginnen wollte. Die Hand wieder und wieder ausstrecken, auch wenn sie darauf schlugen, war meine Überzeugung. Die Briefe legte ich ihnen ins Haus, war gespannt auf ihre Antwort und rechnete mit allem: Nichtbeachtung, Schweigen, Vorwürfe, Polemik. Am nächsten Tag waren die Briefe verschwunden, was immerhin bedeutete, dass sie mitgenommen und gelesen worden waren. Eine Reaktion blieb aus, aber ich wollte nicht dahinter zurück und behielt meinen mäßigenden und versöhnlichen Ton auch in den restlichen

Wortwechseln bezüglich der Hausräumung bei, obwohl es mir schwerfiel.

Die erhoffte Beruhigung blieb aus. Für Inga war die Situation ebenfalls weiterhin schwierig, weil ihr Mann, mit dem sie im Zusammenhang mit der Scheidung kommunizieren musste, sie jedes Mal mit den gleichen Vorwürfen konfrontierte. Hinzu kam der latente Zwiespalt, in dem sie sich befand: Einerseits war sie froh, ihr altes Leben hinter sich gelassen zu haben, andererseits hatte sie ein schlechtes Gewissen gegenüber ihren Kindern, vor allem gegenüber ihrer ältesten Tochter, die mit dem Vater weiterhin im Haus lebte und mit der Situation überfordert schien.

Es waren schwierige Momente, die mich auch immer wieder an die Grenzen meiner Überzeugung führten. Als Christ weiß ich um die Bedeutung von Gnade und Vergebung. Ich weiß um meine Fehlbarkeit, meine Grenzen und mein Angewiesensein. Ich weiß, dass mein Glück anderen wehtun kann, aber auch, dass es nicht verwerflich ist, einen Menschen zu lieben. Ich weiß, dass Schuldigwerden oft keine Wahl ist, sondern eine Unausweichlichkeit des Lebens. Und das alles weiß ich unter dem Vorbehalt, dass jede Wahrheit ambivalent ist. „Siebzigmal siebenmal" antwortet Jesus auf die Frage, wie oft man jemandem vergeben soll. So viel Vergebung kostet Zeit, Kraft und Geduld. „Siebzigmal siebenmal" kann aber auch für die Tiefe der Kluft stehen, die durch eine Schuld aufgerissen wurde. Für den Weg über diese Kluft muss man etwas riskieren, vor allem muss man schwindelfrei sein. Vergebung setzt den Wechsel der Perspektive voraus. Dazu muss man in jeden Einzelnen hineinsehen um zu erkennen, wo seine Kränkung liegt. Und genau das fällt gegenwärtig so schwer. Ich wäre meinen Kindern gerne der Vater geblieben, sie wollten es nicht. Inga wäre ihren

Kindern gerne die Mutter geblieben, sie wollten es nicht. Die Brücken, die wir ihnen gebaut hatten, wollten sie nicht betreten. Gewiss, ihre Statik war fragil, aber man hätte daran arbeiten können. „Siebzigmal siebenmal“ heißt aber auch: Irgendwann ist ausgezählt, eine Fortsetzung ins Unendliche gibt es nicht.

Finale

Gut ein Jahr nachdem Inga ihren Mann verlassen hatte, wurde die Scheidung gerichtlich vollzogen. Gerade mal zehn Minuten dauerte es, um das zu beenden, womit sie jahrelang gerungen hatte. Zwischen der Bekanntgabe des Termins und seinem Vollzug lagen mehrere Wochen, die sie brauchte, um auch formal mit dem abzuschließen, was ihr über Jahre hinweg das Gefühl von Leichtigkeit geraubt hatte. Deshalb war wichtig, dass die Ehe mit allen Verbindlichkeiten jetzt auch amtlich für beendet erklärt wurde. Aber auch dieser Teil des Abschieds war ambivalent, weil Inga befürchtete, der Vollzug der Scheidung könnte die Kluft zu ihren Kindern noch einmal vergrößern. Immerhin war sie inzwischen so weit, die Initiative für eine Kontaktaufnahme ab jetzt ihnen zu überlassen, und mir ging es ähnlich. Wir hatten in den letzten Monaten immer wieder die Hand ausgestreckt, aus der immer nur das Geld genommen wurde. Alle anderen Signale blieben unbeantwortet. Wenn eine Beziehung zur Einbahnstraße wird, muss man abbiegen, bevor sie in einer Sackgasse endet. Das haben wir beide getan, alles Weitere musste jetzt von unseren Kindern kommen.

Wie ein zweites Laufenlernen

Wie viel mit Annes Tod auch von mir selbst gestorben war, konnte ich nicht ahnen, als sie leblos vor mir lag. Erst langsam und nach vielen Wochen wurde mir klar, was ihr Tod zerstört hatte. In ihrem Grab liegt auch mein altes Leben. Es wurde ein langer und schmerzhafter Prozess zu erkennen, wie eng und dicht unsere Leben miteinander verwoben waren und dass ich meinen Lebensfaden daraus entwirren und neu verflechten musste.

Annes Stern hatte stets heller geleuchtet als meiner. Sie war die unbestrittene Hauptperson, wurde stärker wahrgenommen, hatte mehr sicht- und fühlbare Präsenz, mehr Ausstrahlung, den größeren Charme, das schönere Lachen. Der Hauptteil unserer sozialen Kontakte lief über sie. Sie war Bindeglied und Klammer, Aushängeschild und Markenzeichen.

Dafür hatte ich sie immer bewundert und geliebt, weil sie so war wie sie war. Neid war nie im Spiel. Außerdem wusste ich, dass hinter einer derart präsenten und charismatischen Frau immer ein Mann stehen muss, der ihr den Rücken freihält. Wir hatten unterschiedliche Gaben. Sie bespielte die Bühne, ich agierte hinter den Kulissen. Diese Rollen waren über Jahrzehnte gewachsen, hatten gut funktioniert und sich ergänzt.

Meine Kinder sind mit dieser Rollenverteilung großgeworden. Für sie war es normal, dass ihr Vater das Haus putzte, die Einkäufe erledigte, kochte, Bank und Behörden im Blick hatte und den Garten in Ordnung hielt. Alles war gut, so wie es war, niemand fühlte sich überfordert oder übergangen.

Normal war allerdings auch, mich zurückzuhalten, wo ich es gerne anders gehabt hätte. Bei Geburtstagen, Weihnachten und Urlauben hätte ich gerne etwas verändert, weniger von allem, dezenter und manchmal auch mit dem Mut für den Bruch mit der Tradition. Aber meine Liebe war größer als meine Bereitschaft, dafür einen Konflikt zu riskieren. Und so war es undenkbar, jemals einen Sommerurlaub nicht an der Nordsee zu verbringen.

Mein „altes Leben" war sehr viel mehr als das, aber daraus bestand es eben auch. Und so wurde mir im Spätherbst 2021 langsam klar, dass mir mit Annes Tod ein paar Freiheiten vor die Füße gefallen waren, die ich als solche erkennen und gestalten musste. Auf den alten Bahnen war die Reise zu Ende, wo und wohin sie weiterging, musste ich plötzlich alleine entscheiden. Das war ungewohnt und schwer genug, mein Ringen mit der Weihnachtsdekoration („Was dir guttut") beschreibt die Konflikte, in denen ich mich befand. Ich musste mein Leben Schritt für Schritt zurückgewinnen und mir kam es vor, als würde ich zum zweiten Mal das Laufen lernen.

Heute wird mir vorgeworfen, das so zu sehen und ausgesprochen zu haben. Es wird als Verrat empfunden, als Tabubruch und „Opferung" alles dessen, was in meiner Familie bis dahin als heilig gegolten hatte. Vergessen wird dabei, dass ich in meinem alten Leben glücklich war, solange es im Gegenüber zu Anne seinen Sinn hatte. Ich war gerne in meiner Rolle Ehemann und Vater, aber nach Annes Tod konnte ich es nicht mehr sein. Mein Leben war ganz auf sie bezogen, durch ihren Tod war es aus seinem Rahmen gefallen. Niemand konnte sie mir ersetzen, auch meine Kinder konnten und sollten das nicht. Ob Anne ihr Leben in den alten Bahnen fortgesetzt hätte, ohne nach einem neuen Weg für sich selbst zu suchen und welche Brüche sie vollzogen hätte, muss unbeantwortet bleiben. Über eins aber hatten wir immer gesprochen: Dass ohne den anderen eine Fortsetzung des alten Lebens für uns beide undenkbar war.

Meine neue Freiheit war kein Geschenk, sondern Schicksal und Aufgabe. Ich hatte sie mir weder erkämpft noch ausgesucht, sondern war hineingeworfen worden und musste zusehen, dass ich in ihrem Strudel nicht unterging. Dazu hätte auch gehört, von meinen Kindern unter den neuen Umständen als Vater akzeptiert zu werden. Aber diese Chance wurde mir verweigert. Ihr Blick ging ausschließlich zurück, ihr Maßstab war die Vergangenheit, ihre Erwartung war, dass ich die Lücke füllte, die Annes Tod hinterlassen hatte. Dass ich mein Leben neu ausrichten musste anstatt als Zweitbesetzung das Stück weiterzuspielen, dass mir eine neue Liebe (sicherlich zu früh, aber besser als gar nicht) die Kraft gab, mein zerstörtes Leben neu aufzubauen, dass ich veränderte, was jahrzehntelang unangetastet geblieben war, verstehen sie bis heute nicht. Ich kann es ihnen nicht verübeln, aber sie haben sich dadurch selbst geschadet und wertvolle Zeit verstreichen lassen. Mein Fehler war sicherlich auch, von Kindern, die selbst schon Eltern sein konnten, eine altersgemäße Reaktion zu erwarten. Sie hatten sich in ihrer Wut einbetoniert und steckten darin fest.

Ausblick

Ähnlichkeiten mit lebenden oder toten Personen sollen in fiktiven Geschichten rein zufällig sein. Für diese Geschichte gilt das Gegenteil. Sie ist so passiert, Übereinstimmungen mit lebenden und toten Personen sind unvermeidlich und gewollt. Was ich geschrieben habe, ist authentisch, alles ist so passiert.

Inga und ich haben oft an uns selbst gezweifelt und uns gefragt, ob wir wirklich alles falsch gemacht haben und ob wir die Einzigen sind, denen so etwas widerfahren ist. Heute wissen wir, dass es zu unserer Geschichte unzählige Parallelen gibt. Dass aus einer Freundschaft und Trostbeziehung eine Liebe entsteht, kommt häufig vor und hat uns getröstet. Auch für die Feindseligkeiten und die Ablehnung, die wir bis heute ertragen müssen, existieren viele vergleichbare Beispiele, und das zu wissen entlastet ebenfalls, weil es davor schützt, die Fehler ausschließlich bei sich selbst zu suchen. Der Vorwurf an uns lautet bis heute, wir hätten zwei Familien zerstört. Das tut weh, weil unsere Entscheidung niemals in dieser Absicht gefallen war, weil dieser Vorwurf die Vorgeschichte ignoriert und weil er vor allem zeigt, wie wenig krisenfest unsere Eltern-Kind-Beziehung gewesen ist.

Übrig bleibt meine Traurigkeit darüber, dass es so weit kommen konnte. Ich stehe vor einem Rätsel, wie es möglich war, die über Jahrzehnte gewachsene Nähe und Vertrautheit zwischen meinen Kindern und mir zu zerstören, nur weil ich ein- und erstmalig an mich selbst gedacht hatte.

Inga geht es ähnlich. Die Beteuerungen ihrer Kinder „Wir wollen, dass es dir gut geht“, hatten sich als Phrasen herausgestellt. Sie hatten gewusst, warum ihre Mutter unglücklich war und sie waren alt genug um zu wissen, dass es dafür nur eine Lösung gab, die einen hohen Preis hatte. Am Ende war das Grundmuster in beiden Familien gleich: Der Verlust der Komfortzone wurde mit Ablehnung beantwortet.

Was wir erlebt haben, ist kein Einzelfall. Jede Geschichte ist anders, abhängig von den Personen und Beziehungen, in denen sie sich ereignen. Aber das Grundmuster aus Trauer, Ambivalenz und Aufbruch wird sich immer wiederholen. Wichtig ist, nicht zu zerbrechen, weil es unendlich viel Kraft kostet, Selbstzweifel zu ertragen, Schuldgefühle auszuhalten und sich selbst treu zu bleiben.

Kinder neigen zur Nabelschau, ihre Perspektive ist immer latent narzisstisch. Erwachsenwerden bedeutet deshalb auch, den Blick zu verändern und zu erkennen, dass die Geschichte ihrer Eltern etwas Eigenes hat, das unabhängig von ihnen besteht, vor ihnen schon da war und außerhalb von ihnen weitergeht.

Diese Geschichte endet offen. Wir sind Individuen, unsere Kinder sind Individuen, der Ausgang unserer Geschichte kann deshalb kein gemeinsamer sein. Sie verändern sich, wir verändern uns, und das schließt aus, dass ein Neuanfang die Fortsetzung des Früheren sein wird. Ob es dazu kommt, ob es ein Neuanfang mit allen oder nur mit einzelnen Kindern sein wird, und ob ein Neuanfang diesen Namen dann überhaupt verdient, wissen wir nicht. Die Hoffnung bleibt.

Printed by Books on Demand GmbH, Norderstedt / Germany